W0227057

Der Autor: Franz Erhard Walther, 1939 in Fulda geboren, lebt als Künstler in Halstenbek bei Hamburg. Er war von 1972 bis 1987 auf jeder documenta in Kassel vertreten. Zudem Einzel- und Gruppen-Ausstellungen in vielen amerikanischen und europäischen Museen, darunter The Museum of Modern Art, New York (1970), Stedelijk Van Abbe Museum, Eindhoven (1972), Museum Ludwig, Köln (1977), Nationalgalerie, Berlin (1981), Wiener Secession (1989), Museum of Contemporary Art, Chicago (1990), Villa Arson, Nizza (1990), Kunstmuseum Luzern (1992). Seit 1971 Professur für Bildhauerei an der Hochschule für bildende Künste Hamburg.

Franz Erhard Walther

DENKRAUM - WERKRAUM

Über Akademie und Lehre

Lindinger + Schmid

Umschlag-Foto: Brigitte Häufler, Salzburg

Die Deutsche Bibliothek - CIP-Einheitsaufnahme
Walther, Franz Erhard:
Denkraum - Werkraum - Über Akademie
und Lehre / Franz Erhard Walther.-
Regensburg: Lindinger + Schmid, 1993
  (Statement-Reihe; S 3)
  ISBN 3-929970-02-3
NE: GT

Inhalt

Hochschule für bildende Künste Hamburg, 1973

Eine Kunstakademie ist in meinen Augen vor allem deshalb ein brauchbarer Ort, weil dort an Kunst interessierte Menschen zusammenkommen können. Diese Auffassung hat sich bei mir nach fast fünfundzwanzig Jahren Lehrtätigkeit genausowenig geändert wie das Bestehen auf Maßstäben, das mir heute so unverzichtbar erscheint wie 1970, als ich nach Hamburg kam und nur für ein Gastsemester bleiben wollte.

Lehre ohne Bezug zur Gegenwartskunst konnte ich mir zu keinem Zeitpunkt vorstellen, die Auseinandersetzung mit Geschichte blieb dabei im Zentrum. Handwerkliche Ausbildung habe ich dagegen bewußt vernachlässigt. Es ging und geht um Ideen, Werkentwürfe, Haltungen, Denkweisen.

Ich denke, daß meine Lehre in all den Jahren, selbst bei einfachen Arbeitsbesprechungen, nie zu einer akademischen Veranstaltung abgesunken ist.

Für eine solche Art der Auseinandersetzung mit dem Phänomen „Kunst" ist ein offenes Klima unerläßlich. Die Bestimmung des Niveaus muß ungestört bleiben. Hier können sogar Lehrer ohne Werk wirksam sein. Doch dieser Raum ist äußerst fragil und muß immer wieder neu definiert werden.

Hart war es, als ich um 1970 Studenten erklären mußte, daß „Byzanz" kein Rasierwasser und Stefan Lochners „Madonna im Rosenhag" kein Bild der Rokoko-Zeit ist.

Daß ich derlei Kenntnis nicht für unwichtig hielt und dem „politischen Kampf" die Kunst zu opfern nicht bereit war, brachte mir den Ruf eines „Reaktionärs" ein, dem ich in diesem Fall gerne entsprach.

Die Zeiten haben sich geändert. Heute erleben wir an der Hamburger Kunsthochschule die Zerstörung des so notwendigen offenen Klimas durch eine in grotesker Selbstüberschätzung befangenen Laiin, die Hochschulpräsidentin spielt und in künstlerisch enttäuschten Hochschullehrern ihre Gehilfen gefunden hat.

Dieses naive Gestaltenwollen, ohne Gestalt zu kennen, ist der Alltag unserer Gesellschaft. Als Argumentationsebene innerhalb einer Hochschule ist es unerträglich. Ein Bestehen auf Maßstäben wird wichtiger denn je.

Herbst 1993

*Werkvorführung mit Jörg Immendorff,
Galerie Aachen, Aachen, 1966*

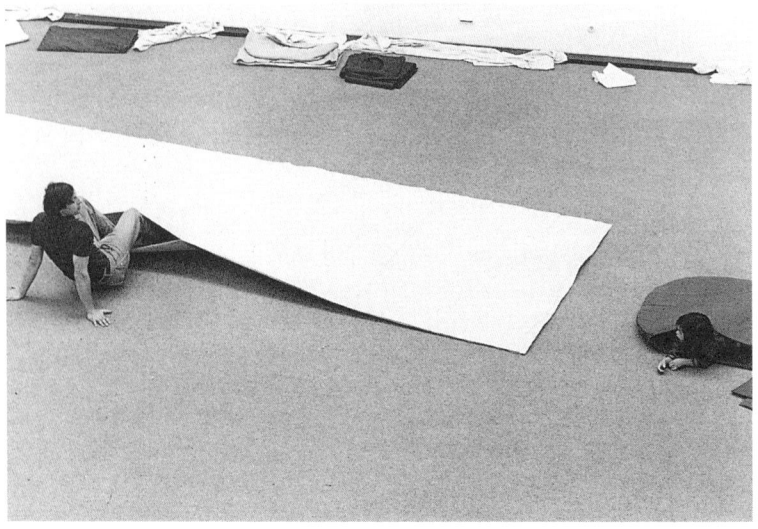

*Werkvorführung,
Kunsthalle Düsseldorf, 1969*

Werkdemonstration von Franz Erhard Walther,
documenta 5, Kassel, 1972

Werksituation, Ausstellung „SPACES",
The Museum of Modern Art, New York, 1970

Demonstrationsraum 1. Werksatz,
Hessisches Landesmuseum, Darmstadt, 1971

Hochschule für bildende Künste Hamburg,
Raum K22, Oktober 1970 (Erster Vorstellungstag)

Daß ich vor fast 23 Jahren begann, an einer Kunsthochschule zu lehren, verdankt sich einem Zufall. Anfang 1969 besuchten mich die Kunsthändler Rudolf Zwirner und Hans Neuendorf in New York. Etwa gleichzeitig erhielt ich die Nachricht, daß Paul Wember und Karl Ströher den Werksatz erwerben wollten. Kurze Zeit später besuchte mich Jürgen Harten, der den Werksatz in der Düsseldorfer Kunsthalle vorstellen wollte. Harald Szeemann bereitete gerade die Ausstellung „When Attitudes Become Form" vor.

Die Herstellung der Werksätze - es gab ja nur mein Exemplar - war in diesem Umfang nur in Deutschland möglich, da dort das notwendige Material, professionelles Gerät, die Hilfe von Dritten und ein geeigneter Arbeitsraum zur Verfügung standen. Wir beschlossen also, den Sommer über in Deutschland zu arbeiten, und ich konnte die geplanten Werkdemonstrationen durchführen.

Während dieses Sommers fuhr ich nach Hamburg, um in Hans Neuendorfs Galerie in der Werderstraße den Werksatz vorzustellen. Zur Eröffnung wurde eine Bar in den Galerieraum getragen, und ein gemütlicher schwarzer Barkeeper im weißen Smoking begann, sie professionell einzurichten. Perplex dachte ich: Vielleicht ist dies eine Hamburger Eigenart. Doch was hatte das mit meiner Ausstellung zu tun ? Es saßen dann die Besucher mit übergeschlagenen Beinen beim Drink und schauten reichlich distanziert auf meine stoische Werksatzdemonstration. Nur ein - wie ich meinte - älterer Student, Hans Neuendorf und David Hockney ließen sich auf meine Arbeit mit den Werksätzen ein. Am Ende des Abends fragte der „ältere Student", wo denn der Werksatz weiterhin zu sehen sei. Ich nannte Ulm, Krefeld und Düsseldorf. Er schrieb sich das auf. Zu meiner Verblüffung kam er zu all diesen Veranstaltungen angereist.

Von Düsseldorf aus, der letzten Station im Herbst 1969, fuhren wir nach Krefeld. Ich hatte dort eine Verabredung mit Paul Wember, der mit mir über den Werksatz sprechen wollte. Er schien den Herrn aus Hamburg zu kennen. Im Laufe des Gesprächs fragte Wember ihn unvermittelt: „Wann wird Walther denn bei Ihnen Professor ?" Jener zögernd darauf: „Wenn das möglich wäre ..." Obwohl ich den Zusammenhang nicht verstand, lachte ich herzhaft und fragte nach dem Sinn des 'Scherzes'. Dabei stellte sich heraus, daß der „ältere Student" als Professor an der Hamburger Kunsthochschule lehrte. Es war Carl Vogel.

Auf der Rückfahrt in der „K-Bahn" sagte er dann: „ ... und wenn man Sie fragen würde, könnten Sie sich vorstellen, als Gastprofessor nach Hamburg zu kommen?" Zu Hamburg hatte ich kein Verhältnis, und mit Kunst brachte ich die Stadt - trotz Philipp Otto Runge - nicht in Verbindung. Die Hamburger „Kunstgrößen" Wunderlich und Janssen dienten uns als Zielscheibe für diversen Spott, desgleichen die „Gruppe Zebra". Die Kunsthochschule sagte mir nichts, trotz „Abstrakte Maler lehren", diesem Gesang aus den 50er Jahren. Ich antwortete auf seine Frage in meiner Art, da ich sie nicht richtig ernst nahm.

Monate später - die lustige Geschichte mit Carl Vogel hatte ich längst vergessen - erhielt ich einen Brief der Hamburger Kunsthochschule mit der Anfrage, ob ich für ein Semester als Gastprofessor kommen wolle. Da ich im Herbst 1970, wegen der Planung einer Buchpublikation bei „DuMont", nach Deutschland kommen mußte, sagte ich zu. Ich stellte mir das Zusammentreffen meiner Untersuchungen mit einer Akademiesituation als etwas Absurdes vor. Doch man würde ja sehen.

Es war ein äußerst seltsames Gefühl, nach den ereignisreichen Jahren mit all den Veränderungen wieder in einer solchen Institution zu agieren. Mir wurde erklärt, daß ich die Klasse des kurz zuvor verstorbenen Gustav Seitz gastweise übernehmen würde. Was ich in der Klasse vorfand, entsetzte mich. Das Ganze bot ein sehr altes Bild, unlebendig, ohne Bezug zu dem, was sich in den 60er Jahren in der Kunst ereignet hatte. Es gab Gruppen von Rodin - Bozzetti, eine riesige Holzintarsienskulptur, Gipsreliefs mit kubistisch geschnittenem Gitarrenprofil, Aktzeichnungen in der oberflächlichen Strichmanier des Gustav Seitz, stilisierte Köpfe, Modellierböcke mit fertigen und halbfertigen Aktmodellierungen ...

Der Versuch eines Gesprächs mit den Studenten, die teilweise in meinem Alter oder älter waren, scheiterte. Meine Bemerkungen wurden als Provokation empfunden. Ich bestand darauf, die Klasse vollständig zu räumen. Neuanfang in einem leeren Raum. Alles, was *dann* hineingetragen würde, hat Bedeutung. Man warf mir vor, ich würde Traditionen mißachten. Ich, der ich mich immer mit Traditionen auseinandergesetzt hatte !

Vor der Räumung der Klasse kündigte ich noch eine Aktion an: „Morgen um 14 Uhr stelle ich in den Klassenraum eine Skulptur aus traditionellem Material, die *heute* möglich ist." Es waren nicht nur die Studenten der Klasse anwesend. Die angekündigte Aktion hatte sich herumgesprochen. Man erwartete ein Desaster.

Ich trat in den Raum, in der Rechten eine Stoppuhr, mit der Linken griff ich in einen Sack mit Gipspulver, ging in die Mitte des Raumes und warf das Gipspulver mit Wucht in die Luft. Schweigen. Nachdem die Gipswolke zu Boden gesunken war, sagte ich: „Hier habt Ihr eine Plastik aus traditionellem Material, die auch das Moment Zeit enthält." Diese Geste führte, wie man mir berichtete, zwischen den Studenten zu heftigen Diskussionen, ob man das ernst nehmen könne oder als reine Provokation zu betrachten habe.

Meine Auftritte in der Hochschule wurden insbesondere von den „linken" Studenten, aber auch von der Mehrzahl der Professoren als Herausforderung betrachtet. Irgendwie empfand man sich von mir provoziert. Den „linken" Studenten lag meine ungebundene Sprache quer, die Professoren fühlten sich durch mein ständiges Fragen nach den Grundlagen der Kunst belästigt. Die Studentenschaft war gespalten: hier die „Politischen", die mich als „bürgerlichen Künstler" bekämpften, dort die an Kunst Interessierten, die die künstlerische Gegenwart erfassen wollten.

Nach den teilweise tumultartigen Herbst - und Wintermonaten 1970/71 wollte ich wieder nach New York gehen. Doch es kam anders. Anfang 1971 sollte die vakante Bildhauerstelle, ehemals Klasse Gustav Seitz, wiederbesetzt werden. Dabei prallten die Meinungen, wie mit der Berufung die Richtung der zukünftigen Lehre zu bestimmen sei, heftig aufeinander. Der Favorit der Professoren war der Schweizer Bildhauer Luginbühl; eine große Zahl der Studenten, die Mehrzahl der Assistenten und drei Professoren meinten jedoch, ich wäre im Moment die richtige Figur. Durch einen ungeschickten Wahlmodus fiel, zum Leidwesen der Professorenschaft, die Entscheidung - mit angeblich einer Stimme Mehrheit - auf mich.

Mir war der Streit einerlei, da ich in meinen künstlerischen Fragen befangen war und eigentlich wieder nach New York wollte. Ich empfand es jedoch als meine Verantwortung, die künstlerischen Erfahrungen direkt weiterzugeben, da ich an deren Bedeutung und Zukunftsträchtigkeit glaubte. In Hamburg zu bleiben, konnte ich mir lange Zeit nicht recht vorstellen. New York war mein Ort. Ich hielt mir lange offen, wieder dorthin zu gehen.

Doch um 1973 kippte das Kunstklima. New York wurde ein Ort unter anderen, und ich bekam mehr und mehr das Gefühl, daß sich die Gewichte wieder nach Europa verlagerten. So entschied ich mich, hier zu bleiben. Die Frage, ob es Hamburg, Düsseldorf oder eine andere Stadt in Europa sein sollte, verlor an Wichtigkeit. Unabhängig von einer Professur, ich würde meine künstlerische Arbeit weiterverfolgen. Hätte ich in der Situation eine Lehre aufbauen müssen, der Berufung wäre ich sicher nicht gefolgt. Doch meine Werkfigur warf genügend Material ab.

Vortrag über den „Anderen Werkbegriff",
HfbK Hamburg, Hörsaal, 1971

HfbK Hamburg, Hörsaal, 1971

HfbK Hamburg, Hörsaal, 1971

Für mich war es immer wichtig, abseits von Stilen, Schulen, Übereinkünften, Gruppierungen zu arbeiten. Dies nun jedoch nicht aus irgendwelchen egozentrischen Gründen, sondern weil ich Schulen und Übereinkünfte jeder Art für Konventionen gehalten habe, die - so ist meine Überzeugung - einen originalen Kunstentwurf nicht zulassen. Ich denke, daß dies eines der wenigen Argumente ist, heute Kunst zu machen: mit dem persönlichen Kunstentwurf ein Beispiel für die schöpferischen Möglichkeiten des Menschen geben, die nicht an definierte Zwecke gebunden sind. Und auch dafür, daß ohne wirkliche Freiheit Kunst nicht entstehen kann. Zentrum meiner Arbeit ist ein offener Werkbegriff. Im Umgang mit meinen Arbeiten entwickelt der Mensch „Werk" in sich selbst.

Je älter ich werde, desto mehr sehe ich den fundamentalen Unterschied zu den überlieferten Werkbegriffen.

Vor etwa einem viertel Jahrhundert habe ich begonnen, diesen - wie ich es genannt habe - „Anderen Werkbegriff" herauszuarbeiten. Er hat bis heute für mich und auch für viele andere Menschen seine Brisanz behalten. Wenn ich sage, daß der Mensch in der Handlung mit den Arbeiten „Werk" in sich entwickelt - der Körper wird Teil der Arbeit -, so muß ich logischerweise die Werkverantwortung jedem zugestehen, der sich mit diesen Arbeiten auseinandersetzt. Und ich habe an dem Punkt auch darüber nachzudenken, was hier das Material ist, mit dem der Handelnde formt. Es können ja nicht die tradierten künstlerischen Stoffe allein sein. Also - da der menschliche Körper selbst Teil des Werkes geworden ist, wird hier Zeit, Raum, Sprache *mit* dem Körper Material wie beim traditionell arbeitenden Bildhauer Holz, Stein oder Metalle Formmaterial sind. Zeit und Raum sind genauso konkretes Formmaterial wie feste Stoffe.

Ob ich die Konsequenzen dieser Haltung genügend begriffen habe, hoffe ich zwar, gewiß jedoch kann ich nicht sein. Denn dazu ist die Sache, trotz 25jähriger Arbeit an der Werkformulierung, noch nicht lange genug in der Welt. Seit 1971 habe ich die verschiedensten Moden und Meinungen zur Kunst kommen und gehen sehen. Die Akademie hat das früher oder später auch mitvollziehen müssen. Das klingt ein wenig nach Zwang, und der ist es ja auch. Nachdem das vermeintlich „wilde Malen" abgeflaut und von „neuer", nun alles andere als wilder Skulptur abgelöst worden ist und dies von einem „Neugeometrismus" bedrängt wird, sehen wir die Kunstakademien in gleicher Ratlosigkeit hinsichtlich der Entwicklung der Kunst, wie es bei Ausstellungsinstituten, Künstlern, Galerien, Sammlern, Kunstkritikern, dem „Kunstmarkt" zu bemerken ist. Ich beklage das nicht. Im Gegenteil: Die Situation bietet die Chance zur Besinnung. Daß dies zuallererst den Kunstakademien nur guttun kann, wird kaum jemand bestreiten. Allerdings müßte dazu das Studium gründlich reformiert werden. Ob das die Akademien von innen heraus können, wage ich zu bezweifeln.

Einige Bemerkungen und Fragen vorweg: Muß die Akademie immer hinter der Entwicklung herlaufen? Ich denke, sie muß es nicht. Aber sehen wir uns die Geschichte an. Zur Zeit der Romantik, die ja eine revolutionäre Bewegung war, saßen die Klassizisten und Nazarener auf den Lehrstühlen. Als sich der Realismus formulierte, regierten in den Akademien die Historienmaler. Als der Impressionismus und dann die Nachimpressionisten die Zeitgenossen beunruhigten, hatte der Kunststudent sein Rembrandt-Braun anzumischen. Als in unserem Jahrhundert die Moderne mit den Fauve, Expressionisten, dem Kubismus und Kandinskys „Abstraktion" die Kunst umformuliert, ist in den Akademien impressionistisches Malen erlaubt, und es wird „jugendgestilt". Franz Stuck ist gefeierter Künstlerlehrer.

Der Erste Weltkrieg hat dann dieses Bild kräftig durcheinandergeschüttelt. Es gerät nun der einst bekämpfte Expressionismus in die Akademien. Als Lehrer jedoch kein Ernst Ludwig Kirchner, sondern Pechstein und dann Otto Müller. Die lehren nun in einer Zeit, in der der Konstruktivismus mit seinen Experimenten auf den Plan tritt, die Dadaisten ihre Provokation vorführen und Breton die Grundlagen des Surrealismus in zwei Manifesten veröffentlicht. Das Bauhaus bleibt ein Sonderfall. Aus einer Kunstgewerbeschule hervor-

gegangen, hält man Abstand zu den Akademien. Die Differenzen zu ihnen sind ja unüberbrückbar. Stellen Sie sich
den Grundkurs des Bauhauses in einer damaligen Kunstakademie vor: Hier der Ausgangspunkt Material und Gestaltung, dort „Zeichnenlernen". Zwei Welten. 1932 wird Paul
Klee an die Düsseldorfer Kunstakademie berufen - in einer
Zeit, die zu Neuformulierungen nicht in der Lage ist. Man
hat sich in den Akademien an den moderater erscheinenden
Teil der Moderne gewöhnt. Selbst wenn die „Braune Zeit"
die Entwicklung nicht abrupt unterbrochen hätte, so wären
weder Schwitters, noch Mondrian oder Malewitsch, weder
Picabia noch Duchamp in den nächsten 20 Jahren an eine
Akademie berufen worden.
Beckmann hätte weiter an der Frankfurter Städelschule ge-
lehrt - in den 20er Jahren übrigens erstaunlich erfolglos, und
es hätte sich vermutlich der Expressionismus zum akade-
mietragenden Stil aufgeschwungen. Über die Zeit der Zieg-
lers, Brekers, Paduas und Thoraks von 1933 bis 1945 brauchen wir hinsichtlich Kunst in unserer Fragestellung nicht zu
sprechen.
Aber nach 1945 das gleiche Bild der Akademie: Wols, Pol-
lock, Newman, Fontana entwickelten die Kunst weiter, in
den Akademien sehen wir die teilweise verzweifelten An-
knüpfungsversuche an die vergangene und ja abgebrochene
Moderne. Hier ist Georg Meistermann ein Held. Die Vorbil-
der sind nun unter anderem Picasso, Matisse, Beckmann,
Leger, Klee. In Berlin ist Carl Hofer Hochschulpräsident und
spricht sein Verdikt gegen die „Abstraktion" aus: „Solange
ich Präsident bin, wird kein Abstrakter an die Hochschule
berufen." Und dieser Spruch kurz nach der Nazizeit! So ist
es nun mal. Die Pechsteins und Hofers treffen die Bretons
nie. Auch in der Kneipe nicht. Keine Bewegung im Kopf.
Wäre ich in dem Alter gewesen, um gegen 1950 eine Kunstakademie zu beziehen, so wäre vermutlich nur ein Lehrer in
Frage gekommen: Willi Baumeister in Stuttgart. Und ich hätte mich dort nicht mit den quälenden Zeitfragen plagen
müssen, ob „gegenständlich" oder „abstrakt", sondern hätte

mich mit dem Meister über die damals virulente „Art Informel" unterhalten können.

Mein guter alter Lehrer Karl Otto Götz wurde 1959 als erster „Informeller" an eine Kunstakademie berufen, und zwar in Düsseldorf - 15 Jahre nachdem das erste informelle Bild gemalt worden ist.

Weiter - die Berufung von Joseph Beuys im Jahre 1961 ist nur durch eine gehörige Portion rheinischer Schlitzohrigkeit zustande gekommen: ein befreundeter Architekturprofessor hatte ihm geraten, sich mit seinen Mataré-Adaptionen zu bewerben, religiösen Themen, Figürlichem. Erst ab 1970 ändert sich die Situation schlagartig. Es ist plötzlich ein Klima da, das eine direkte Annäherung der Akademien an die Kunst der Zeit möglich macht.

Ich war der erste Künstler meiner Generation, die konzeptuell, prozessual, vom Medium her gearbeitet hat, dem eine Professur angeboten wurde. Kurze Zeit später wurden auch Gerhard Richter nach Düsseldorf sowie Sigmar Polke und Ulrich Rückriem nach Hamburg berufen.

Das war neu: in der Entstehungszeit eines Kunstentwurfes an eine Akademie berufen werden. Diese Situation hat sich bis heute nicht geändert. Der Schluß liegt nahe, heute den freien Kunstbereich und die Akademie nicht mehr getrennt zu sehen. Dies aber nur, wenn sich die Künstlerlehrer nicht argumentativ *vor* die Kunst der Zeit stellen. Ob nun diese Nichttrennung gut oder schlecht ist, kann aus der Zeit heraus schwerlich beurteilt werden.

Wir haben seit einigen Jahren vielmehr in Bezug auf Malerei ein ganz anderes Problem, jedenfalls betrifft das Hamburg und Düsseldorf: In diesen Hochschulen wird in wesentlichen Teilen experimentell gearbeitet, während sich draußen in wichtigen internationalen Galerien und Museen „Akademie" breitmacht. Natürlich ist mit dem experimentellen Arbeiten allein noch nichts gewonnen, und es kann in den schlimmsten Akademismus umschlagen, wenn die damit verbundene Haltung ritualisiert und das Arbeiten formalisiert wird. Umgekehrt muß „Akademie" draußen nicht unbedingt eine Neuauflage der Salonkunst des 19. Jahrhunderts werden, wenn es gelingt, mit diesem Genre unlebendig gewordene ästhetische Verabredungen zu unterlaufen.

Was nun ist denn ein Kunststudium heute? Stellen Sie sich dieses Studium bitte nicht als „Ausbildung zum Künstler" vor. So etwas vermag (unter den heutigen Bedingungen der Kunst) die Akademie nicht mehr, wenn auch gewisse Akademielehrer das Gegenteil behaupten. Die besten Kunststudenten an den Akademien kann ich mir heute nur noch als „Autodidakten" vorstellen, die ich als Lehrer kritisch zu begleiten habe. Natürlich ist auch gleichzeitig ein Zukunftsbild zu entwerfen.

Aus zahllosen Gesprächen mit kunstinteressierten Menschen weiß ich, daß es viele unzutreffende, ja abenteuerliche Vorstellungen hinsichtlich eines Kunststudiums gibt. Mit Erstaunen sehe ich immer wieder, daß junge Leute mit völlig unrealistischen Vorstellungen von „so wird man Künstler" ein Kunststudium beginnen wollen. Das Ganze besteht meist aus einer Melange der jeweils gängigen Kunstklischees, Vorurteilen der familiären und schulischen Umgebung (was man im übrigen am wenigsten wahrhaben möchte), privaten Träumereien und dem häufig über allem stehenden Wunsch, „Techniken" zu erlernen. Das „Künstlerische" meint man ja zu besitzen oder hegt die Illusion, irgendwie kommt das mit der Kunst schon zusammen. Also, Techniken lernen! Daß man hier einem fatalen Mißverständnis hinsichtlich Kunst erliegt, weiß der junge Mensch ja nicht. Mit „Techniken" meint er schlicht Handwerklichkeit. Übersetzt man den Begriff mit künstlerischen Verfahren, Methoden, so werden die Augen groß. Von künstlerischen Methoden als Techniken hatte er noch nie etwas gehört. Auch nichts davon, daß es eine Tradition der Primitivisierung der Mittel gibt, und was das in der Kunst bedeutet.

Sollte er nun versucht haben, sich an verschiedenen Kunstakademien Informationen über ein heutiges Kunststudium zu holen, so wird die Verwirrung gewiß eher noch größer. Die Auskunft, die er etwa in München, Berlin, Stuttgart,

Karlsruhe oder Frankfurt erhält, wird mit großer Wahrscheinlichkeit für Hamburg - und vermutlich auch Düsseldorf - unbrauchbar sein, aus einem einfachen Grund: Hamburg und auch Düsseldorf sind in wesentlichen Teilen eher experimentell ausgerichtete Kunstschulen. Das dortige künstlerische Klima ist nicht erst seit heute deshalb anders als an den übrigen deutschen Kunstakademien. Ich sehe da ein regelrechtes Schisma in Bezug auf Lehre: Hier Häretiker, Experimentierer. Dort Bewahrer fiktiver Werte, der Haltung, daß man ohne den Bezug zur Entwicklung auskommen kann. Aus Erfahrung weiß ich, daß, wenn es in der Kunstdiskussion ans „Eingemachte" geht, hier eine brauchbare Auseinandersetzung nicht mehr möglich ist. Die Maßstäbe sind offenbar ungleich geworden. Erstaunlich, daß hierüber öffentlich kaum gesprochen wird.

Aber - ein gewisser Ausgleich findet ja statt: Die unruhigen, unruhig gebliebenen Geister gehen eben an die Orte, an denen Bewegung ist, und - ich vermute - es flüchten auch umgekehrt diejenigen, die ein eher herkömmliches Bild von der Kunst haben, an die Akademien, die „Wertekonservierung" pflegen. Also, alles in Butter? Ich sage: Nein!

Die Kunst ist kein Seifenladen, in dem Kauf und Verkauf nach persönlichem Geschmack getätigt werden. Die Kunst des Westens ruht ja auf einem durchaus festen geschichtlichen Sockel. Und - sie steht nicht jeder persönlichen, privaten, ja privatistischen Interpretation offen. Auch künstlerische Mißverständnisse müssen erarbeitet werden!

Ein Schnupftuch ist ein Schnupftuch, auch wenn es bunt gefärbt ist, und ein Bild ist ein Bild, wenn es bestimmte Voraussetzungen erfüllt.

Es hat in den letzten 20 Jahren sehr viel Verwirrung gegeben, weil angeblich alles Mögliche Kunst sein kann. Daran ist auch meine künstlerische Arbeit schuld. Diese Verwirrung hat fatalen Spielraum geschaffen für diejenigen, die Aufgedrehtheit und Identifikation mit Neuerungen schon für eine Kunstleistung an sich halten. Asche! Fataler - weil auf längere Sicht ruinös für notwendige offene Auseinandersetzung - sind die Einflüsse derjenigen, die meinten und meinen, obsolete Werte bewahren zu müssen. In der Kunst hat dies noch immer zu unlebendigem Akademismus geführt. Das wird auch diesmal nicht anders sein.

Offene Auseinandersetzung mit Kunst. Was bedeutet das? Was bedeutet das an einer Kunstakademie? Allgemein mag dies bedeuten, neu sich formulierenden Kunstformen nicht mit Vorurteilen zu begegnen. An einer Kunstschule ist das *eine*, wenn auch wichtige Voraussetzung.

Was ist denn nun eine Kunstschule? Sachlich betrachtet ein großer Bau mit einem meist schönen Portal, zahlreichen großen Fenstern, innen mit einer beträchtlichen Anzahl heller Räume, einem Portier, einem Hausmeister, einer Mensa, Verwaltung und einem Rektor oder Präsidenten.

Dazwischen laufen einige ältere und eine Menge junger Leute herum, die Leinwände und Papierbahnen scheinbar ungeordnet mit Farbe beschmieren, aus Sperrmüll unförmige Gebilde zusammenkloppen, banale Fotos herumzeigen, Blätter mit ein paar kargen Strichen vorweisen und behaupten, dies sei Kunst. Sie behaupten es nicht einfach mit knappen Worten, nein, sie entwickeln daran in langer Rede die absonderlichsten Theorien, unsortiert, allzu aufwendig.

Ich habe einen braven, hochrangigen Politiker erlebt, der in der Akademie angesichts dieses scheinbaren Unsinns ausstieß: Und für so etwas gibt der Staat Geld! Versöhnt war der gute Mann wieder, als er einige Türen weiter auf offensichtliche Kunst stieß: der lebensgroße Akt, in annehmbarer Proportion auf dem Bock modelliert, die korrekte Aktzeichnung, Standbein-Spielbein richtig wiedergebend. Eine Tür weiter - auf der Staffelei die berühmten „schönen Farben" auf sauber aufgespannter Leinwand. Ob in gegenständlich abbildendem Genre oder in freier Form - nicht so wichtig. Der Geschmack muß getroffen sein.

Sind wir in der Akademie, oder sind wir außerhalb? Wenn man sich nicht nach außen abschottet, wird dort im Studium *auch* wiedergegeben, was sich jeweils im Feld der Kunst ereignet, was sich jeweils neu formuliert. Im günstigen Fall:

Wird draußen Farbe auf Leinwand geschmiert, wird das auch innerhalb der Akademie gemacht. Werden draußen Skulpturen aus Sperrmüll zusammengebaut, wird das auch innerhalb der Akademie praktiziert. Wenn die Akademie bzw. die dort lehrenden Künstler dies unterbinden wollen, so kommen sie in Teufels Küche. Gestatten Sie mir die laxen Worte „Geschmiere" und „aus Sperrmüll zusammengekloppt". Es ist alles andere als abfällig gemeint. Ich hatte und habe ein gutes Verhältnis zu dieser Kunstpraxis. Vergessen wir nicht, daß diese Attitüden historisch gewachsen sind.

Künstlerlehrer, zeigt euer *eigenes* Modell, zeigt eure *eigene* Kunst! Wer nicht einen eigenen Kunstentwurf gewagt hat, braucht als Lehrender doch erst gar nicht anzutreten.

Versuchen wir mal, uns *dies* vorzustellen: Gesetzt den Fall, eine - durchaus denkbare - Laune der Kunstdiskussion (diese bitte weit gefaßt) bringt einen Teil der Künstler in Richtung „realistische Darstellung der Erscheinungswelt" in Gang. (Wir nehmen ja nicht an, daß *die Akademie* heute einen Kunstentwurf hervorbringt). Wie auch immer, selbst in diesem fiktiven Fall wird *der* Kunststudent mit experimenteller Haltung im Vorteil sein gegenüber demjenigen, der sich *nur die Mittel* der realistischen Abbildung der Erscheinungswelt angeeignet hat. Denn - vergessen Sie nicht - es war schließlich auch die Erarbeitung der zentralperspektivischen Raumdarstellung in der Renaissance eine hochexperimentelle Angelegenheit.

Vergessen wir auch nicht, daß seit der Romantik die Hauptstränge der Kunst immer experimentell waren. Die Kunst, die sich davon ausruhen wollte, hat ihren Platz in den Magazinen erhalten.

Lassen wir die Mumien ruhen, wenn auch viele Maler heute mit ihren Bildern Wegweiser zu diesen Gruften aufstellen.

Werkvorführung, Neue Pinakothek, München, 1989

Diskussion, Universität Oldenburg, 1989

Mein Grundgefühl: Du förderst die Formulierungsversuche des Anfängers durch Ermutigung und gleichzeitiges Beispielgeben im Umgang mit Kunst, begleitest den Fortgeschrittenen mit Rat und präziser Kritik und bleibst den dem Studium entwachsenen Künstlern freundschaftlich verbunden. Das sind keine idealistischen, freundlichen Worte ohne Inhalt. In jeder Werksituation bestehe ich auf Offenheit, genauem Begriff und Glaubwürdigkeit. Einen Kompromiß glaube ich hier nie gemacht zu haben. Es wäre flaues Ausweichen, Beschönigen, den Kern umgehen. All dies hasse ich, da es unmöglich macht, zu einem brauchbaren Kunstbegriff zu gelangen. Der ist heute dringender notwendig denn je; zeigt sich doch mehr und mehr, daß allein die Kunst noch in der Lage ist zu definieren, was schöpferische Gestaltung ist. Sie definiert damit auch Welt.

Kunstbegriff: Gewiß ist ein solcher von einem Kunststudenten zu verlangen, wenn nicht nur gesicherte Positionen wiederholt werden sollen oder nur auf Unterhaltung gezielt wird. Ich spreche nicht von allgemeinen Kunstbegriffen, auch nicht von den jeweiligen, zeitgebundenen Übereinkünften in der Formulierung. Sicher gibt es nicht austauschbare Verabredungen und Stichworte mit Schlüsselfunktion in jeder Generation. Denen ausweichen zu wollen, wäre töricht. Es ist vielmehr die offene Auseinandersetzung damit, in der sich ein eigener Begriff, das eigene Bild formt.

Dies ist alles andere als ein selbstverständlicher Ablauf. Umriß und Binnenzeichnung müssen hier vielmehr in ausdauerndem Dialog herausgearbeitet werden. Nun gilt das leider nicht für alle Kunstklassen der Hochschule und schon gar nicht für alle Kunstakademien. Es gibt Kunstakademien, die traditionalistisch orientiert sind - *die* übrigens in der Mehrzahl - und solche, die experimentelles Arbeiten nicht nur zulassen, sondern auch fördern. Doch auch hier die Faustregel: Wenn nicht ein kundiger Mensch die Möglichkeit erhält, frei und unabhängig Künstler an eine Akademie zu berufen, so bedarf es immer zehn Berufungen, um die Chance zu haben, *einen* Künstler zu bekommen, der aus den üblichen

Möglichkeiten herausragt. Meist reicht auch diese Relation nicht. Glücklich kann sich *die* Akademie schätzen, die zwei oder drei Künstler mit möglichst unterschiedlichen, ja konträren Kunstauffassungen hat.

Wenn ich vom Moment des Experimentellen an einer Kunsthochschule berichte, so meine ich hier die *Haltung*. Ob sich das in experimenteller Form in den Werken zeigt oder in traditionellen Medien ausspricht, ist heute kein unüberbrückbarer Gegensatz, wie es in den 60er Jahren der Fall war. Die Haltung ist wichtig. Experimentelles Arbeiten mit falscher Haltung wird voraussichtlich modernistischen Kitsch hinstellen, und umgekehrt kann Arbeit mit traditionellen Mitteln und Formen hochexplosiv sein. Es kommt auf die kritische Masse an.

Die tägliche Katastrophe an den Kunstakademien: mit falscher Haltung traditionelle Mittel und Formen verwenden!

Ein Problem ist, daß sich die Studenten mit Gegenwartspositionen intensiv auseinandersetzen, die Professoren aber - aus welchen Gründen auch immer - keine wirkliche Neugier aufbringen. Für den nicht-originalen Künstler, der er in der Regel ist, ein entschuldbares Verhalten. Würde doch eine echte Konfrontation die eigene Begrenzung offenbaren. Nun das Dilemma: Der Professor kennt die Bezugspunkte, Argumentationsweisen und Begriffe nicht, möchte aber oder muß etwas dazu sagen. Sie können sich vorstellen, daß sich hier ein breites Feld für diverse Reibungen auftut.

Ich gebe den einfachen Rat, der jedem Künstler, Galeristen, Sammler, Museums- und Galerieleiter, Kunstkritiker und Kunstprofessor das Sehen und Beurteilen erleichtert: Die *allgemeinen* Urteile helfen nicht, und es helfen auch nicht die einmal gewonnenen und notwendigerweise gebundenen Ansichten, auch Einsichten.

Begriffe und Bedeutungen sind immer in Bewegung. Form, Material, Stil, Inhalt, Gegenstand entziehen sich eindeutigen Festlegungen. Was heute „nur" Gegenstand ist, kann morgen bedeutsamer Inhalt sein, was jetzt als Material gefaßt wird, verlangt morgen den Formbegriff; was man heute vermeint als Stil zu deuten, wandelt sich bald zum puren Material. Wenn man zu einer zulänglichen Ansicht kommen will, muß jede Überheblichkeit - auch wenn sie die größte Unsicherheit verdecken soll - gegenüber ungesicherten Vorschlägen fallen, und man muß lange, geduldig, ausdauernd und beharrlich beobachten können.

Vergessen wir nicht: das Auge betrügt uns ständig. Das ist nicht allzu dramatisch. Für die Kunst ist es sogar nützlich. Bekämpfen sollten wir die Vorurteile, die, als Urteil verkleidet, die ständige Veränderung der Wirklichkeit verstellen. Welche Wirklichkeit? In der Kunst sind Wirklichkeit und Vorstellung fließend. Dennoch können wir immer einen Ort angeben.

Diskussion über Werkbegriffe, HfbK Hamburg,
Walther-Klasse, Raum K 22, 1987

Franz Erhard Walther
und
Hans-Joachim Lenger
im Gespräch

Hamburg, August 1993

Lenger: Auf unsere Mitteilung, daß eine „Lehre" von Kunst im landläufigen Sinn gar nicht möglich ist, reagiert eine interessierte oder uninteressierte Öffentlichkeit meist mit unverhohlenem Mißtrauen. Man will nicht zur Kenntnis nehmen, daß künstlerische Arbeit, die diesen Namen verdient, den Gegenstand ihrer Praxis im Akt seiner Setzung jeweils neu bestimmt. Sie *kann* deshalb in einen Lehr-Kanon gar nicht übersetzt werden, ohne an Authentizität zu verlieren. Jeder Lehrkanon bleibt der künstlerischen Geste gegenüber sozusagen verspätet. Er würde notwendig verfehlen, worum es in der Kunst geht. Das nun produziert diverse Konflikte. Wissenschaftspolitiker etwa, die von der Idee der Effizienz besessen sind und jedes Studium „evaluieren" wollen, also auch das künstlerische, verlangen immer nachdrücklicher eine Kanonisierung der Lehre, um sie „evaluieren" zu können. Sie halten den Hinweis auf die Unmöglichkeit einer solchen „Evaluierung" künstlerischer Lehre für eine Schutzbehauptung von Künstlern, die sich vorgegebenen Standards und Reglements des Betriebs nicht unterwerfen wollen.

Walther: Zusätzlich erschwert wird das auf der anderen Seite durch folgendes: *Daß* es diese Probleme gibt, müßte doch wenigstens den sogenannten Akademikern bekannt sein, also jenen, die an den Kunsthochschulen „Lehre" betreiben. Davon kann aber kaum die Rede sein. Ob das nun Trägheit ist oder Desinteresse, fehlendes Verständnis oder Befangenheit in der eigenen künstlerischen Problematik, vermag ich nicht zu sagen. Jedenfalls erheben die meisten zum Maßstab, was sie zufällig gerade selbst betreiben. Sie lassen sich von den Bewegungen, Fragestellungen und Argumentationsweisen, die gegenwärtig um sie herum entstehen, nicht berühren. Sie empfinden solche Argumentationen eher als lästig, blenden sie aus oder ignorieren sie. Oft treffe ich sogar auf die *ausdrückliche* Argumentation, daß man ohne einen Bezug zur unmittelbaren Gegenwart lehren könne. Das halte ich für völlig unmöglich. Zur Ausbildung gehört die Auseinandersetzung mit der Gegenwart unmittelbar. Denn wir leben ja heute. Die Auseinandersetzung mit Kunst hat innerhalb der Akademien nur Sinn, wenn sie in intensivem Bezug zur Gegenwart steht.

Lenger: Du hebst den Begriff der Gegenwart stark hervor. Man wird aber sofort hinzusetzen müssen, daß damit nicht der jeweils neueste Trend auf dem Kunstmarkt gemeint sein kann. Von woher also bestimmt sich, was „Gegenwart in der Kunst" ist? Wie entgeht man einer naiven Datierung von „Gegenwart"? Naiv wäre ja wohl, unter Gegenwart das zu verstehen, was in den Galerien gerade hoch gehandelt wird oder von der Kunstkritik in den Vordergrund gespielt wird. All dies wird sich nämlich in einiger Zeit als bloßer Effekt herausgestellt haben, der zu Recht ebenso bald vergessen ist, während sich die maßgebenden künstlerischen Einschnitte ganz unbemerkt vollzogen haben können. Damit will ich sagen: Was „Gegenwart" ist, das vermeintlich unmittelbar Gegebene, ist zugleich das Fragwürdigste, weil es sich immer erst im nachhinein formuliert oder herausstellt. Deshalb behaupte ich: Es gibt keine Gegenwart, oder es gibt sie immer nur im nachhinein.

Walther: Wenn ich „heute" sage oder von der „Gegenwart" spreche, meine ich selbstverständlich kein bloßes „up-to-date". Ich meine einen historischen Kontext des Künstlerischen, der sich stets neu herstellt. Diesen Kontext aber muß ich kennen, um zumindest in Umrissen bestimmen zu können, was „Heute" ist oder was „Gegenwart" bedeutet. Ich muß diesen Kontext sozusagen durchquert haben, um eine Ortsbestimmung des „Heute" vornehmen zu können. Das ist also nicht vorrangig ein Problem der Kunsthistoriker. Es ist in sich zunächst ein eminent *künstlerisches* Problem. Es stellt sich von der Kunst her und kann nur aus ihr heraus beantwortet werden. Eine Antwort darauf ergibt sich also weder von selbst noch von Gesichtspunkten her, die „außerhalb" der Kunst aufgesucht werden könnten.

Lenger: Dies setzt allerdings ebenso voraus, daß wir über Maßstäbe verfügen, die eine Unterscheidung zwischen einem „Innen" und einem „Außen" der Kunst erlauben. Wenn sich die „Gegenwart" stets entzieht und sozusagen immer erst im nachhinein herstellt, dann dürfte dies damit zu tun haben, daß „Innen" und „Außen" der Kunst im Augenblick der Setzung kaum unterscheidbar sind. Denn was ist eine Formulierung, die zur Kunst gehört? Und welche Formulierungen fallen dagegen aus der Kunst heraus? Das kann ich vielleicht im Rückblick zu unterscheiden suchen. Der Augenblick einer künstlerischen Setzung dagegen läßt eine strikte Unterscheidung zwischen „Innen" und „Außen" nicht zu. Denn ein „neuer" künstlerischer Satz ist doch offenbar einer, der in dieser Form bisher nicht zur Kunst gehörte, jetzt aber gleichsam in ihrem Zentrum auftaucht, sie anders definiert, neu bestimmt oder gruppiert.

Walther: Natürlich, all dies meine ich, wenn ich vom Kontext spreche. Denn das gehört unverzichtbar zu einer künstlerischen Bestimmung von Gegenwart. Aber was könnte künstlerische Lehre ohne den immer neuen Versuch einer solchen Bestimmung sein? Eine bloße Wiederholung dessen, was längst etabliert ist. Es wären verblasene Bezüge zur Geschichte. Ein Nicht-Vertrautsein mit Begriffsveränderungen, ein persönliches Meinen, zufällige persönliche Erfahrungen, die mitunter treffen *können*, aber eben nicht treffen *müssen*. All das kann offensichtlich nicht Ausgangspunkt einer „Lehre" sein, die diesen Namen tatsächlich verdient.

Lenger: Der Begriff der Gegenwart korrespondiert also mit den Beziehungen zwischen „Innen" und „Außen", von daher aber zugleich mit dem Begriff des künstlerischen Materials. Denn „Material" ist nicht „Stoff". Es ist nicht etwas, in das sich ein „neuer" künstlerischer Satz wie von außen einprägen ließe. Der Unterschied zwischen einer künstlerischen Materialbestimmung und jeder anderen dürfte doch darin liegen, daß die künstlerische Erfahrung keinen instrumentellen Bezug zu dem unterhält, womit sie umgeht. Material ist nicht „Träger" von „Bedeutung", nicht „Rohstoff' oder „Rohmaterial", das als Vehikel von Bedeutung fungiert. Vielmehr berührt künstlerische Arbeit einen Punkt, an dem solche Hierarchien zerfallen oder sich ihre Pole negativ, wie in einem Möbius-Band, in sich zurückkrümmen, an dem also „Material" und „Bedeutung" ununterscheidbar werden. Vielleicht könnte man sagen, daß sich die Unwägbarkeit des künstlerischen „Augenblicks" oder künstlerischer „Gegenwart" dadurch auszeichnet, diese Ununterscheidbarkeit aufblitzen zu lassen, und zwar aus einer künstlerischen *Entscheidung* heraus. Das umschreiben wir dann in Begriffen künstlerischer Intensität. Die „Akademie" dagegen im traditionellen Sinn der Schulform hat die Intensität dieses Augenblicks sozusagen erkalten, zur positiven Form gerinnen lassen...

Walther: Richtig. Diesen Kontrast habe ich selbst erlebt, als ich in Frankfurt an der Städelschule studiert habe. Die dortige Lehre war ohne Bezug zur Gegenwart. Als Student konnte man da nur heil davonkommen, wenn man sich selbst bewegt hat. Aber was blieb dann von der „Akademie" übrig? Die Möglichkeit etwa, Maltechnik beigebracht zu bekommen? Ja, du lieber Himmel, wofür denn? Ich bin also erfolgreich gescheitert und nach Düsseldorf gegangen. Da nun herrschte ein anderes Klima unter den Studenten. Es gab bei einigen Lehrern einen Bezug zu dem, was unmittelbar passierte. Und deshalb wird es kein Zufall sein, daß mit wenigen Ausnahmen zumindest in meiner Generation jene Künstler, die in den 60er und 70er Jahren Maßstäbe gesetzt haben, aus der Düsseldorfer Akademie kamen. Das hat mit dem Kontext zu tun, über den wir im Moment sprechen, mit dem Experimentellen in der Kunst.

Lenger: Dieser Begriff ist aber auch ein Problemtitel. Denn was ist das Experimentelle? Jedes Experiment will in Erfahrung bringen, was es mit einer Sache auf sich hat. Aber was

Franz Erhard Walther als Student,
Städelschule in Frankfurt, Klasse Lammeyer, 1960

ist die Sache der Kunst? Die Kunst hat ja keinen definierten Gegenstandsbezug. Sie ist auf keinen umgrenzten Bezirk einer bestimmten Erfahrung festgelegt. So daß wir hier auf das Paradox stoßen, daß die Kunst, bevor sie einen Gegenstand konstituieren kann, zunächst einmal sich selbst zum Gegenstand machen müßte. Wo also beginnen? Vielleicht hilft uns der oszillierende Begriff des „Sinns" weiter. Zumindest will ich das versuchen. Einerseits spielt er in dem, was wir gewöhnlich die „Sinne" nennen, das Sehen, das Hören, das Tasten... Andererseits ist er der „Sinnlichkeit" entzogen, meint er eine ungreifbare, niemals präsente Struktur, in der die Dinge erst Bedeutung annehmen - und sei es die Bedeutung, „sinnlich" zu *sein*. Die Frage des Sinns widersetzt sich also gängigen Einteilungen. Sie entzieht sich, sobald man sie dingfest machen will. Sie markiert eine Grenze, die solche Einteilungen in äußerste Turbulenzen versetzt. Das Spiel an dieser Grenze könnte man vielleicht das Experimentelle nennen. Nun lautete eine berühmte Formulierung, ganz in diesem Sinne, der Künstler schaffe „wie Natur". Auf ihre Weise hat diese Formulierung sogar einmal den Heroismus der Moderne eröffnet. Sie verklammert Mimesis und Genesis im „Als ob" einer Einheit, die dann „Kunst" heißt.
Aber heute erscheinen auf unseren Computerbildschirmen die fraktalen Naturformen selbst, generieren sich ihre Selbstähnlichkeiten aus menschenfernen Algorithmen, die kein Mathematiker mit Papier und Bleistift abarbeiten könnte, und in den Laboratorien erzeugen wir neue Lebewesen, deren Erscheinen alle Unterschiede von Künstlichkeit und Natur getilgt hat. Die technologische Entwicklung kassiert also Differenzbegriffe, in denen sich die Kunst einmal ansiedelte. Und all das macht den Begriff des Experimentellen äußerst problematisch.

Walther: Ich nehme diese Fragen sehr ernst. Zunächst aber ist alles, was du sagst, doch ein Argument dafür, die Auseinandersetzung mit der Gegenwart intensiv zu führen. Ein massiveres Argument als das deine kann ich mir im übrigen gar nicht vorstellen. Die Realität an den Akademien sieht jedoch ganz anders aus. Das, was als Lehre an den Akademien gemacht wird, hat sich von diesen Realitäten so gut wie vollständig abgekoppelt - und es gibt gewiß noch schlimmere Verhältnisse als die gegenwärtigen in Hamburg, was die Rückwendung, die Bewahrung oder die Restauration tradierter Werte angeht.

Lenger: Ich erkläre auch nicht, daß es die Frage der Kunst nicht mehr gäbe oder das seit zwei Jahrhunderten angekündigte „Ende der Kunst" nun endgültig eingetreten sei. Aber die Kunst ist in einer gewissen Hinsicht im Rückzug begriffen. Dies nicht im Sinn einer Resignation oder eines Abdankens, sondern vielleicht in jenem Sinn, in dem die Kunst heute die Spur ihres eigenen Verschwindens beschreibt und nachzeichnet. Gerade in dieser Spur aber hätte sie die Intensität der künstlerischen Frage kenntlich zu halten.

Walther: Deshalb kann all dies gerade nicht bedeuten, die Frage nach der Tradition aufzugeben. Ganz im Gegenteil. Auch du kommst ja nicht umhin, mit der Tradition oder aus der Tradition heraus zu argumentieren. In der Lehre betone ich die Frage nach der Tradition deshalb ganz bewußt. Freilich muß man dabei deutlich unterscheiden. Es gibt die Vorstellung vermeintlicher Traditionen, die immer noch für verbindlich gehalten werden, obwohl sie Maßstäbe nicht mehr setzen können. Andererseits aber gibt es die Tradition als Frage nach dem, was ich das „Experimentelle" nenne. Das Experimentelle spielt in dieser Gegenwart, von der du sagst, daß sie „entzogen" bleibt; es beschreibt diese Nahtstelle, an der „Innen" und „Außen" der Kunst sich im Augenblick eines „neuen" Satzes überkreuzen; es beschreibt ebenso die Frage der Technik, die du aufwirfst.
Deshalb haben wir es an den Akademien auch mit einer Situation zu tun, die so, wie du sie eben beschrieben hast, tatsächlich aussichtslos erscheint. Die gegenwärtige Besatzung der Akademien, die meisten der heutigen Lehrer können auf

das Problem der Gegenwart nicht mehr adäquat reagieren.
Auf das zu reagieren, was du eben beschrieben hast, setzt
nämlich voraus, daß ich die Bewegungen, die stattfinden,
zumindest in Umrissen kenne. Nur unter der Voraussetzung
eines solchen Wissens kann ich sagen: Dieser oder jener
künstlerische Entwurf „ist" etwas oder ist „nichts". Erst unter
diesen Voraussetzungen kann ich mich auch darüber streiten,
ob ich möglicherweise im Irrtum bin und einem falschen
Bild der Strukturen folge, die sich in der Kunst herstellen
und verändern. Man wird dem einen Entwurf dann einen
anderen entgegenstellen können, der möglicherweise entge-
gengesetzt argumentiert und eben darin experimentell und
produktiv ist. Jedoch: All das setzt voraus, daß man die Situation kennt, das Bedeutungsmaterial sozusagen, in dem
sich etwas artikuliert.

Lenger: Der Begriff des Experimentellen, aus dem heraus du
argumentierst, setzt allerdings eine bestimmte Konstellation
voraus, die man sicher geschichtlich, aber auch strukturell
umreißen kann. Solange ich elementare Fragen nach Zeit
und Raum, Gestalt und Form, Rhythmus und Bedeutung in
künstlerischen Aufzeichnungssystemen wie Bild, Skulptur,
Konzept oder Aktion aufwerfen und weitertreiben kann, bewege ich mich ohne Frage im Horizont der Kunst. An der
Grenze dieses Horizonts kann ich experimentell arbeiten.
Aber die Technologien, die unsere Kultur heute determinieren, haben künstlerische Techniken und Horizonte in gewisser Weise auch überholt. Die Gentechnologie ist dafür ja
nur ein Beispiel. Nicht nur, weil diese Technologien schneller sind als alles von Menschenhand Verfertigte; nicht nur,
weil die Bildwelten technischer Medien einen rasenden
Ausverkauf künstlerischer Bildfindungen bedeuten. Einen
wesentlichen Einschnitt dürfte bedeuten, daß Bilder, Gestalten und Bedeutungen nicht mehr nur technisch reproduzier-
bar, sondern vor allem technisch *produzierbar* geworden
sind. Mit der maschinellen Produzierbarkeit von Bildern
bricht eine ungeahnte Menschenferne in die kulturelle Ord-

nung ein, die den Begriff der Kunst nicht unberührt läßt. Vielleicht hat das ja mit der Kritik zu tun, die du den Lehrern an Akademien vorhältst: Sie hätten den Bezug zur „Gegenwart" verloren...

Walther: Sie haben ihn nicht einfach verloren. Sie haben sich nie wirklich für das Problem der Gegenwart interessiert. Wir reden dabei über die überwiegende Zahl der Lehrer, nicht über die wenigen, die etwas Authentisches hingestellt haben. Denn ob letztere sich dafür interessiert haben oder nicht - sie werden immer etwas Interessantes dazu zu sagen haben, weil sie wissen, wie sich eine Werkfigur bildet.

Lenger: Hättest du mit deiner Argumentation recht, würde das bedeuten, daß diese Akademien, diese Institutionen ihre Daseinsberechtigung verloren haben. Zumindest wäre dies eine mögliche Konsequenz aus dem, was wir bislang gesagt haben.

Walther: Wie könnte man das anders fassen? Ich möchte nicht pessimistisch sein... Vielleicht so: Die Frage nach der Technik, die du ansprichst, bleibt doch auch ein künstlerisches Problem; jedenfalls wird man sie auf der Ebene bloßer Techniken nicht beantworten können. Und was die Daseinsberechtigung von Akademien angeht, so frage ich mich auch umgekehrt: Wann waren die Akademien denn *je* in der Lage, einen authentischen Kunstentwurf zu ermöglichen? Diesen Zeitverzug, der die Akademien beherrschte, gab es doch schon immer. Denke doch nur an die ersten Akademielehrer, die Nazarener: Warum war es zu dieser Zeit nicht möglich, die sogenannten Romantiker zu Lehrern zu berufen? Warum sind Runge und Friedrich als Akademielehrer indiskutabel gewesen, warum wurden sie nicht richtig wahrgenommen? Wenig später etablierten die Akademien, Mitte des letzten Jahrhunderts, dann die Salonmalerei. „Draußen" gibt es jedoch bereits die Vorform der Freilichtmalerei, diese Vorform des Impressionismus, auch des sogenannten Realismus usw. Es hat sich also bis in die 50er Jahre unseres Jahrhunderts nicht viel geändert, was den Zeitverzug angeht. Übrigens, das einzige, was der Zeit jemals adäquat war, sind die Kunstgewerbeschulen in der Zeit des Jugendstils, der Art Nouveau gewesen. Das waren nicht die Akademien. Denk auch an das Bauhaus, das nicht aus einer Akademie hervorgegangen ist, sondern eben aus einer Kunstgewerbeschule.

Lenger: Vielleicht deshalb, weil die Kunstgewerbeschulen ihrer ganzen Definition nach viel enger an die Logik der technischen Entwicklungen gerade in diesem Jahrhundert gebunden waren. Allerdings ist der Begriff von Technik, aus dem sie hervorgegangen sind, einem instrumentellen Technikverständnis sehr nahe. Umso wichtiger finde ich, was du eben angedeutet hast: daß die Technik ein künstlerisches Problem bleibt und die Frage nach dem Wesen der Technik keine technische Frage ist. Deshalb haben Kunsthochschulen nicht nur eine Existenzberechtigung in einer technologischen Kultur, sondern sind unverzichtbar, um die Frage nach Technik und Technologie überhaupt aufwerfen zu können. Das setzt allerdings voraus, daß sie die Frage nach Technik und Technologie auf einem Niveau stellen, das eben nicht das Niveau sogenannter Medienhochschulen ist, sondern ein künstlerisches. All dies gehört jedenfalls dazu, wenn wir über die „Gegenwart" sprechen. Und wenn du beklagst, daß sich die heute Lehrenden dieser Gegenwart nicht stellen, so ergänze ich dies ausdrücklich durch den Hinweis auf die technologischen Medien. Im übrigen vermute ich, daß die Geschichte der Akademien und ihre Einschnitte längst darauf reagiert haben, ganz gleichgültig, was ihre Protagonisten darüber denken. Beispielsweise wird man nicht leugnen können, daß auch im Künstlerischen gewisse traditionelle Demarkationslinien zwischen „Akademie" und „Avantgarde" in den 60er Jahren porös werden und sich in mancher Hinsicht auflösen. Es ist, als hätte das Tempo der Entwicklung die Akademien eingeholt ...

Werkvorführung, Kunsthalle Düsseldorf, 1969

Walther: Richtig. In den 70er Jahren wird es erstmals möglich, daß Künstler, die in dieser Zeit gerade etwas Neues formuliert haben, an Akademien berufen worden sind - teilweise mehr oder weniger durch Zufall. Meines Wissens war ich der erste aus dieser Generation. Das war 1970/71, mitten in der Formulierungsphase. Beuys ist ja Anfang der 60er Jahre nicht aufgrund seines Werkes, das wir heute mit ihm verbinden, an die Düsseldorfer Kunstakademie berufen worden, sondern mit seinen an Mataré angelehnten religiösen Werken. Vielleicht hatte es 1967/68 bereits Veränderungen im politischen und gesellschaftlichen Raum gegeben, die dies ermöglicht hatten. Die Situation eines Aufbruchs in Hamburg, die Umstände, unter denen man mich da als Gast hingeholt hat, wären doch gar nicht möglich gewesen ohne die gesellschaftspolitischen Ereignisse von 1968, die auch in die Hochschule hineinwirkten. Allerdings: Die Aufbruchssituation war von Studenten gemacht, nicht von den Lehrern. Hat es die Akademie also je vermocht, sozusagen authentisch Gegenwart zu problematisieren? Ich sage: nein. Das ist ein Dilemma, das man nie los wird: In dem Moment, in dem eine neue künstlerische Antwort da ist, in dem Moment, in dem ich versuche, daraus eine Lehre zu machen, entsteht sofort wieder die Tendenz des Schulhaften. Es braucht ja nicht formelhaft zu sein. Aber ich muß eine Form finden, ich muß eine *Form der Unterredung* dafür finden. Auf diese spezifische Form bin ich angewiesen, sobald ich aus dem Atelier oder Arbeitsraum herausgehe. Im Arbeitsraum bin ich mit meinem Material allein, das ist sozusagen mein ausschließlicher Gesprächspartner, mein Gegenüber. In dem Moment jedoch, in dem ich anderen davon berichte oder darüber spekuliere, wie man damit arbeiten könnte, mache ich das notwendigerweise schon in einer veränderten Weise. Ich habe eine „Verzeichnung im Reden darüber".

Lenger: Dieses Dilemma berührt die Frage der „Forschung". Wir sprechen ja über so etwas wie ein Stadium - nicht im zeitlichen Sinne des Hintereinander-,über eine Region künstlerischen Forschens, die in sich selbst schwer einzugrenzen ist. Im gleichen Augenblick, in dem sie eingegrenzt wird, findet so etwas wie eine Verdinglichung statt, die die Offenheit der Forschung hinter sich gelassen, abgestreift hat und deswegen dazu neigt, einen schulmäßigen Charakter anzunehmen.

Walther: Ja. Aber wenn wir von Forschung sprechen, müssen wir gleichzeitig festhalten, daß Forschung nicht gleich Forschung ist. Der mit traditionellen Mitteln arbeitende Bildhauer etwa kann Forschung im avancierten Sinne gar nicht mehr betreiben. Der Maler, der lediglich seine malerischen Probleme hat, setzt nur etwas fort. Diese Arbeit werde ich selbstverständlich akzeptieren. Aber heute beispielsweise an dem Problem des Tafelbilds „Forschung" betreiben zu wollen, halte ich für eine verfehlte Vorstellung. Allerdings - zur Malerei gehört so etwas wie eine Haltung, eine Moral. Die Malerei ist ja auch eine Opposition gegen das Schnelle, gegen die Geschwindigkeit. An einem Bild zu arbeiten, bedeutet eine Verlangsamung, die muß ich ja auch erst einmal vertreten können. Das darf man nicht vergessen.
Für *mich* war Forschung jedoch immer, die Kunst zu befragen. Dabei verschwammen die überlieferten Genres. Was ist das, die Kunst? Was war das in der Geschichte, was war das in der Moderne, was ist das heute? Dabei sehe ich, daß sich einige Dinge halten, die unverzichtbar sind. Die Vorstellung, daß sich die Kunst total ändere und etwas ganz Neues komme, ist doch eher naiv. Doch ist es immer so, daß etwas Unvergleichbares besteht. Wenn ich heute von „Kunst" spreche, so ist das sehr wohl etwas anderes als vor fünfundzwanzig Jahren. Darüber ein Bewußtsein zu haben, es nicht nur theoretisch zu wissen, sondern in der Arbeit darauf zu antworten, also künstlerisch zu argumentieren - nur das versetzt mich in die Lage, etwas über das Kunst-Ding zu sagen. In der Lehre wäre also diese Frage zu vermitteln: Macht Kunst nach wie vor Sinn, stiftet sie Sinn, bedeutet sie etwas? Oder aber: Hat dieses Ding „Kunst", wie

ich es aus der Geschichte als Forscher oder Lehrer kenne, mit all den Traditionen und Strängen bis heute, noch Zukunft, sind vielleicht alle grundsätzlichen Fragen bereits beantwortet? Wie auch immer die Arbeit an diesen Fragen verlaufen mag: Ich kann davon Gebrauch machen, ich kann dieses Kunst-Ding transformieren, und möglicherweise bewege ich mich dabei immer auch in einem Dilemma. Nicht nur aus diesem Grund aber muß ich möglichst alles offenhalten, ohne dabei ungenau zu werden. Im Gegenteil, es verlangt eine äußerste Strenge der Fragestellungen, um zu verhindern, daß bereits das Problem bedeutungslos wird, weil alles gleichermaßen „bedeutend" ist.

Lenger: Was die Frage nach der „Forschung" angeht, so haben wir es ja auch wissenschaftspolitisch und hochschulpolitisch mit einer Situation zu tun, in der „Forschung" zwar gefördert und unterstützt wird. Aber dies geschieht in Forschungsprogrammen, die so weit von künstlerischen Fragen entfernt sind, wie man sich nur denken kann. Ich komme deshalb auf die 60er Jahre zurück und auf den gesellschaftspolitischen Einschnitt, von dem du in Hinblick auf die Kunstakademien gesprochen hast. Dieser Einschnitt war wohl in erster Linie eine Zäsur in der Ordnung der Zeichen. Gegenstände, Materialien wurden plötzlich auf eine Weise beredt, wie man es vorher nicht wahrgenommen hatte. Das gilt nicht nur für die Kunst. Das gilt für die Musik, das gilt für die Mode, das gilt für alle Sphären des Alltags. Überall erlebten wir, daß sich tradierte Zeichenverbindungen auflösen und neue, bewegliche Zeichenverbindungen aus diesem Auflösungsprozeß hervorgehen. Vielleicht wird man von einer Semiose, einer Zeichenausschüttung, einem Chemismus der Zeichen sprechen können. Darin bestand die „Revolution" - wir hatten es ja nicht mit einer klassischen Revolution zu tun, in der Bahnhöfe gestürmt oder Telegrafenämter besetzt worden wären. All das gab es nicht, so sehr ich das seinerzeit bedauert habe.
Nun, dieser Chemismus der Zeichen könnte mit dem zu tun

haben, was du eben als Umbruch in der Struktur von Akademien in den 60er Jahren beschrieben hast, diese Serien
neuer, vielfacher „Molekularstruktur" der Zeichen, die sich
auf allen Ebenen herstellten und auch die Kunst durchliefen.
Und all das war ja nicht voraussetzungslos. In der Kunst hatte sich das schließlich alles maßgeblich vorbereitet - denk
nur an die Situationisten, denk an die Impulse, die aus der
Avantgardekunst in die gesellschaftliche Revolte übergesprun-
gen sind. Ohne diesen Begriff „künstlerischer Forschung"
wäre die Revolte der 60er Jahre nicht denkbar gewesen,
ohne diesen Chemismus, der uns mitten in die Frage der
„Forschung" versetzt, weil sie eine Nicht-Ordnung, eine
äußerste Turbulenz möglicher Zeichen- und Bedeutungsver-
kettungen betrifft.

Walther: Meine Beobachtung damals war, daß die Studenten frech geworden sind. Sie wagten zum ersten Mal, nicht
mehr „Herr Professor" zu sagen; stattdessen haben sie gefragt: Was meinst du denn mit dem, was du da sagst? Vorher
hatten die Lehrer irgend etwas erklärt, was irgendeine Bedeutung hatte und irgendwie zu deuten war, und irgendwie
ging das auch. Also immer „irgendwie". Ich selbst hätte als
Student gar nicht gewagt, meinem Professor präzise Fragen
zu stellen. Gut, einmal hab' ich es probiert, da kam ein hef-
tiger Zigarrenzug, ein strafender Blick, und dann hat mich
der Mann wochenlang mit Nichtbeachtung bestraft. Seinem
kategorischen „Das geht nicht!" hatte ich gewagt zu entgeg-
nen: „Warum geht das nicht, Herr Professor?" Es war gar
nicht möglich, eine Frage zu stellen. Man hatte sich mit der
Verkündigung einer Meinung abzufinden, und es gab keine
Möglichkeit, das „Irgendwie" zu befragen. Das klingt sehr
banal und komisch, doch das war der Akademieunterricht
bis zu den 60er Jahren.
Nun, Ende der 60er Jahre wurde man erstmals von Studenten gefragt: Was heißt das denn? Das Problem der politisch
linken Studenten war nur, daß sie von Kunst keine Ahnung
hatten. Amüsant wurde das zusätzlich, weil die Professoren

ihrerseits nicht in der Lage waren zu sagen: Ihr habt keine
Ahnung davon. Auf die Frage: „Was heißt das?" kam nur
Geblubber, nur Phrasen. Du stachst die Blasen an, und die
Luft war raus. Ansonsten gab es die Haltung der Verteidi-
gung, des Rückzugs aus Angst, weil letztlich keine Substanz
da war. Ich habe zumindest *versucht*, es zu formulieren.

Lenger: Was du skizzierst, zeichnet den Bruch eines Tabus
sehr gut nach, den ich vorhin unter der Metapher eines
„Chemismus der Zeichen" im Auge hatte. Sobald ich mich
nämlich an einen Gegenstand wende und sage: „Was bedeutet das?" wird fragwürdig, was vorher fraglos war. Wenn
ich diese Bewegung weitertreibe, indem ich frage: „was bedeutet das, die Bedeutung?", wird es spannend. Und wenn
diese Frage Virtualitäten im Innern des Gegenstands berührt,
die seine Gegebenheit oder bestehende Struktur potentiell
sprengen, kann er eine Serie von Einschnitten durchlaufen,
in denen sich seine Elemente in bislang unerhörter Weise
neu verbinden und verschieden verketten. Womit ich natürlich nicht sagen will, daß völlig neu sein muß, was dann geschieht. Die Konstellation hat ja eine Art Inkubationszeit
durchlaufen, die ich beispielsweise in Anzeichen der Kunst
entziffern kann. Ebenso wird das Zeichengefüge, das sich
dann generiert, eine Wiederholungsstruktur, sogar mehrfa-
che Serien von Wiederholungen beschreiben, die ganze Ge-
genstandsfelder durchläuft und anders konfiguriert. Aber
dies, so denke ich, haben wir in den 60er Jahren erlebt. Was
sich in der Kunst entwickelt hatte, gewann beispielsweise
eine gesellschaftspolitische Relevanz, wie sehr sich die Protagonisten dieses Einschnitts über dessen Natur auch getäuscht haben mögen - ich spreche da, wie du weißt, aus
Erfahrung.

Walther: Ich kann bestätigen, was du sagst. Ich lebte von
1967 bis Ende 1970 in den USA, knappe vier Jahre. Doch
als ich zurückkam, habe ich mich in meiner Muttersprache
nicht mehr deutlich machen können, weil der Sprachge-

Vortrag, Havard University, Cambridge, USA, 1970

brauch verändert war. Ich konnte mich nicht mehr mitteilen und verstand nicht mehr, was die anderen sagten. Ich mußte die Sprache neu lernen. Dabei war ich ja nicht unpolitisch gewesen und auch nicht aufs Land gezogen. In Düsseldorf hatte ich mit Immendorff und Alvermann Aktionen gemacht, Lefèvre war aus Berlin zu Besuch da - damals ging es um sehr konkrete Dinge.

Allerdings habe ich die Argumentation eines *Gebrauchs* der Kunst für das Politische nicht mitvollzogen. Die Vorstellung von Kunst als „Überbau" konnte ich nicht mitmachen. Ich habe mir erklären lassen, was das sein soll, und gesagt: Nein, das ist nicht so. Kunst ist „Sockel", ist „Basis", das ist kein „Überbau". Zwar kann sie das unter gewissen Umständen werden, das weiß ich auch. Aber was ich unter Kunst verstehe, das ist eine Grundfigur, die zum Menschen gehört, zur Erkenntnis und zur Welt, das kann nicht „Überbau" sein. An dem Punkt gab es unüberbrückbare Differenzen. Und dann dies klischeehafte Reden vom Fortschritt. Ich habe viele Argumentationen von der linken Seite dazu gehört, die ich als reaktionär empfinden mußte. Denn ich hatte von der Kunst gesprochen und davon, was die an Revolution und Fortschritt gebracht hatte. Die 60er Jahre haben die Kunst wirklich vorangebracht. Und es gab für mich keine Basis mehr, als diese Tatsache politisch diffamiert wurde.

Lenger: Was du in Kategorien von Basis und Überbau thematisierst, wiederholt das Problem der Forschung noch einmal. Forschung ist ja nicht erst die exakte Untersuchung in naturwissenschaftlichen Laboratorien. Ich meine eher noch die Arbeit an elementaren Fragen, die jeder konkreten Gegenstandskonstitution vorausgehen, auch in den Naturwissenschaften. Bevor sich mir ein Gegenstand zeigt, und sei es der alltäglichste, muß sich etwas ereignet haben, was einen Raum eröffnet und eine Zeit, was etwa Gleichzeitigkeit generiert und Ungleichzeitigkeit. All das betrifft elementare Fragen, von denen ich sagen würde, daß die Frage der Kunst damit eng zu tun hat - und um diese Frage geht es ja, als

Frage *der* Kunst und als Frage *nach der* Kunst.

Walther: Denn das ist derartig in Fluß, daß es nicht festzuhalten ist. Ich kann es nur „leben", ich kann es in meiner eigenen Arbeit praktizieren. Und dabei gibt es immer Fehler und Irrtümer, die man zu zeigen bereit sein muß. Das ist zwar eine etwas generelle Antwort auf das Problem der „Forschung". Doch als Künstler habe ich eben kein konkretes Ding, *an dem* ich forsche, sondern ich habe dieses Ding „Kunst", das in sich kaum zu fassen ist. Ich habe die Artefakte, ich habe die Verhältnisse der jeweiligen Zeit, die ich auch erst einmal begreifen muß, und das kann ich nicht allein von der Kunst und der Kunstgeschichte her. Ich muß auch andere Zusammenhänge kennen. Dann sehe ich die Verhältnisse, in denen sich das bewegt hat, ich erkenne Bewegungsfigurationen. Und darin wieder die Frage: Sind das Modelle, die auch heute noch funktionieren?
Ich mache beispielsweise die Beobachtung, daß es heute Grundfiguren des Fragens und der Bearbeitung gibt, die sehr starke Ähnlichkeiten mit Haltungen in der Renaissance haben. Aber wenn ich versuche, das mit meinen Künstlerkollegen zu besprechen, antworten die mir merkwürdigerweise als Kunsthistoriker. Oder ich versuche, mit Studenten darüber zu sprechen. Dafür wurde ich in den heroischen Zeiten nach 1968 ausgelacht. Zumindest das hat sich verändert. Aber letztlich sehe ich, daß es schwierig bleibt, wenn ich solche Fragen Studenten vortrage. Denn auch sie haben meist etwas sehr Direktes und Unmittelbares vor Augen, was sie für Gegenwart halten. Da ist der Blick für Wirkweisen so verstellt, daß sie nicht sehen, was an Geschichte heute noch wirksam ist.
Für meine Generation war beispielsweise die „Identität" wichtig: Identität zwischen Material und Erscheinung; anders gesagt: das, woraus es ist, muß mit dem Aussehen identisch sein. Ein Auseinanderfallen dessen wäre ein Synonym für schlechte Kunst gewesen. Die Generation der 80er Jahre dagegen arbeitet mit Nicht-Identitäten. Wenn das Aussehen

des Materials und das Material selbst identisch ist, gilt es als „alte Klamotte". Das erinnert ans Barock, an die Säule, dort brauche ich gar nicht hinzusehen, um zu wissen: Diese Marmorsäule *kann* gar nicht aus Marmor sein, die *muß* aus Gipsverkleidung sein oder aus Holz bestehen. Wenn sie aus Marmor wäre, wäre sie falsch oder wiederum ein Marmor-Zitat aus Marmor. Wenn ich solche Verbindungen herstelle, gucken mich viele Studenten mit großen Augen an. Es ist ein einfaches Beispiel dafür, daß man das nicht als Historie ansehen wird - was es natürlich *auch* sein *kann*, doch dann ist es etwas für die „Bildung", die „Verschönerung der Seele".

Lenger: An gewissen Punkten unseres Gesprächs sind wir immer wieder auf die Frage der Zeit gestoßen. Wir haben die Frage der „Gegenwart" aufgeworfen, und wir haben festgestellt, daß ausgerechnet *sie* es ist, die sich entzieht und „dunkel" bleibt. Zugleich aber ist das Verhältnis zur Geschichte gerade deshalb nicht kunstgeschichtlich oder historistisch im Sinne des „Es war einmal…", „Es gab einmal…". So erklärst du zum Beispiel, ein Problem der Renaissance sei nichts Historistisches, sondern eben eine „lebendige" Frage. Kurz, immer wieder begegnet das Problem einer Diachronie der Zeit, eines Berstens der Linearität. Ich will deshalb versuchen, im Ausgang von der Frage nach der Zeit das Problem des Experimentellen zu wiederholen.

Das Experiment, und das hängt eng mit der Frage nach der Forschung zusammen, ist gebunden an eine gewisse Porösität der Zeit. Es spielt sich in einem Zeithorizont ab, der nach „vorne" hin offen ist. Nun behaupte ich, daß unsere Kultur nicht nur in der Kunst, aber auch oder gerade in der Kunst die Erfahrung macht, daß der Zeithorizont „vor" uns nicht mehr offen ist. Das hängt mit technischen Konditionierungen zusammen. So wie ein Pilot, der die Schallmauer durchbricht, seinen eigenen Schall überholt, so könnten wir die Zeitmauer durchbrochen und den Horizont unserer eigenen Zeit überholt haben. Damit meine ich: eine Zeit, die wir überschauen können und in der wir uns zutrauen könnten, verantwortlich zu handeln. Wir ziehen die Zeit sozusagen hinter uns her. Um ein Beispiel zu nennen: Wir arbeiten längst mit Technologien, zum Beispiel mit der Atomtechnologie, die die Zukunft so sehr determinieren, daß man davon sprechen kann, daß wir die Zukunft zu unserer Geisel machen. Die Zukunft ist nicht mehr frei oder offen. Oder denk an die Echtzeit-Medien, die ein Ereignis weltweit live übertragen und es gerade dadurch seines Ereignis-Charakters berauben. Denn die mediale Übertragung wirkt auf das Ereignis selbst ein und verwandelt es selbst in einen Medieneffekt. An bestimmten Punkten läßt sich sogar zeigen, daß das Medium die Ereignisse überholt und selbst „Ereignisse" generiert, die freilich nur noch in einem fraktalen Faszinosum ohne „realen Kern" bestehen.

All dies läßt natürlich auch Zeitbegriffe nicht unberührt, mit denen wir es in der Kunst zu tun haben. Denn all dies betrifft die Frage nach dem, was Gegenwart ist. „Wir leben ja heute", hast du vorhin gesagt - aber gerade das, was „heute" ist, wird unter Bedingungen immer rätselhafter, die beispielsweise durch äußerste technische Geschwindigkeiten bestimmt werden. Hier scheint mir die Frage nach dem, was ein „Experiment" sein kann, aus anderer Perspektive sehr wichtig zu werden. Denn in welcher Weise ist dieses künstlerische Experimentieren zu denken, sobald der Zeithorizont seine Offenheit verliert? Sind wir dem Diktat der Echtzeit nicht in einer Weise unterworfen, die den Begriff des künstlerischen Experiments fragwürdig gemacht hat?

Walther: Künstler sind sinnliche Menschen: sowohl in der Wahrnehmung als auch in der Umsetzung. Das hat zwar häufig einen naiven Zug, doch die künstlerischen Formulierungen sind sehr wirksam. Das Nachdenken dürfen Künstler freilich auch nicht vergessen. Sinnlich wahrnehmen meint ja nicht das „Nur-Sensuelle"…

Lenger: Ich würde sagen: Künstler „denken" mit den Sinnen. Das ist zwar paradox und generiert nur Paradoxien, aber

vielleicht organisiert sich die Logik des Sinns ja in solchen
Paradoxien…

Walther: Damit man mit den Sinnen denken kann, gleichgültig, in welchem „Genre" man arbeitet, bedarf es einer
experimentellen Haltung. Ein Künstler, der keine experimentelle Haltung hat, wird scheitern. Er kann mit den neue-
sten technischen Mitteln arbeiten und wird doch nichts
erreichen. Du sagst zu Recht, daß Künstler „mit den Sinnen
denken". Was bedeutet das heute? Weil die technischen
Geschwindigkeiten so ungeheuer groß sind, habe ich Probleme mit der Wahrnehmung, also damit, *überhaupt* noch
etwas wahrzunehmen. Und dies dürfte der Grund dafür
sein, daß Künstler *immer* das Tempo verlangsamen und übrigens immer schon verlangsamt haben. Wenn ein Künstler -
gleichgültig, mit welchem Material er arbeitet - nicht in der
Lage ist, das Tempo zu verlangsamen, wird er wahrscheinlich auch kein Künstler sein können in dem Sinne, daß er etwas hinstellt, was wahrnehmbar und interessant ist.
Damit habe ich mich selbst auseinandersetzen müssen, weil
mein Düsseldorfer Lehrer, Karl Otto Götz, immer auf Tempo
und Geschwindigkeit in der freien informellen Geste gesetzt
hat, auf eine schnelle Niederschrift, im Sinne des „Informel",
der „ecriture automatique", des „Automatistischen", im Sinne einer Technik also, die das Innere nach Außen bringen
sollte und dann das Resultat als Bildformulierung zur Diskussion stellte. All das habe ich ja auch verstanden. Auch
ich habe untersucht, wie diese schnelle Geste geht, aber die
nicht besser finden können als das, was langsam entsteht.
Deshalb dachte ich: Vielleicht ist das eine Ideologie oder
eine sehr persönliche Erfahrung, die nicht verbindlich ist.
Selbstverständlich habe ich gesehen, daß das sehr wohl mit
der Theorie der „ecriture automatique" zu tun hatte. Es war
nicht nur sein persönliches Ding, sondern eine Reaktion auf
die Kunstgeschichte. Ich habe einen Konflikt bei ihm empfunden und das auch zum Anlaß genommen, über die Kunst
der Zeit und meine eigene Arbeit nachzudenken. Zwar ist

das Material und die Form sehr langsam, auch das Moment der Dauer. Aber weil ich ja eine Verlagerung vorgenommen hatte in dem Sinn, daß das Werk nicht mehr in dem gemachten Ding sein sollte, sondern sozusagen eher ein Ding der Vorstellung, der Imagination wurde, entstand natürlich umgekehrt auch ein ungeheures Tempo. Wenn ich allerdings weiterhin „Werk" haben will mit all dem, was „Werk" in der Geschichte war, muß ich das schnelle Werk, das sich in der Vorstellung herstellt, auch wieder verlangsamen. Und wie mache ich das? Es gibt hier keine eindeutige Antwort. Darüber muß man immer wieder nachdenken. Deshalb meine ich: Ohne die Technik der Verlangsamung können Form, Struktur und Gestalt gar nicht entstehen. Ohne diese Technik brauche ich über Kunst ernsthaft gar nicht nachzudenken.

Lenger: Ich habe gehofft, daß du in diese Richtung argumentieren würdest. Denn das gibt uns Gelegenheit, in Phänomenen einer technisch erzeugten Geschwindigkeit andere Geschwindigkeiten zu entziffern. Es geht also nicht darum, diese Geschwindigkeit zu überbieten oder ihnen die Langsamkeit gegenüberzustellen. Es handelt sich nicht um eine einfache Opposition, sondern um das Problem, wie die technisch erzeugten Geschwindigkeiten *anders* durchlaufen werden können. Ich meine jenen Punkt, an dem sich beispielsweise äußerste Langsamkeiten als Geschwindigkeiten erweisen, die von instrumentellen Techniken gar nicht generiert werden können, weil sie anderen zeitlichen Ordnungen angehören.
Diese Probleme treten nicht zufällig auch in technologischen Systemen ebenso auf. Das Prozessieren der Signale in technischen Apparaturen folgt ja einer spezifischen Hermeneutik. Eine Botschaft, die abgeschickt wird, soll ankommen, wie sie gemeint war. Diese Hermeneutik wird in Schaltungen gegossen, über deren Funktionieren Ingenieure wachen, und in Programmen niedergelegt, die von ihren Autoren beständig weiterentwickelt werden. All dies gehört zu einem

instrumentellen Technikbegriff insofern, als hier systemati-
sche Unterscheidungen zwischen dem „Träger" einer Botschaft und ihrem vermeintlichen „Inhalt" gemacht werden.
Aber im gleichen Augenblick, in dem ich danach frage, was
diese für selbstverständlich gehaltenen Unterscheidungen
erlaubt und rechtfertigt, gerate ich in äußerst paradoxe Probleme. Die Beziehungen von Signifikant und Signifikat verwirren sich ebenso wie die einer bestimmten Differenz von
„Stoff" und „Bedeutung", „Material" und „Meinen". Kurz, ich
bewege mich an einer Nahtstelle, von der mögliches Wissen, mögliche Verarbeitung, Speicherung und Übertragung
dieses Wissens ihren Ausgang nehmen, ohne selbst noch
der Ordnung dieses „Wissens" zu unterstehen. Zeitliche
Ordnungen, die sich technisch generieren lassen, haben
hier ihre Gültigkeit eingebüßt oder geraten zumindest an
eine gewisse Grenze. In mancherlei Hinsicht werden auch
Langsamkeit und Geschwindigkeit ununterscheidbar. Beide
Phänomene krümmen sich selbst an einen gewissen Punkt
ihrer Ununterscheidbarkeit zurück.

Walther: Außerdem ist dieses Verschwinden im technisch
erzeugten Hochtempo ja nicht erst heute zum Problem geworden. Auch hier denke ich also historisch. Techniken der
Verlangsamung gibt es schon im 19. Jahrhundert. Bereits Ende
des 19. Jahrhunderts gibt es Drucktechniken, noch nicht den
Rotationsdruck, aber doch Techniken mit erheblichem Tempo. Der Illustriertendruck mit dem Lithostein. Und vor dem
Hintergrund fangen die Künstler an, das Medium zu reflek-
tieren, mit dem sie reproduzieren, den Druckstock zum Beispiel. Das bekommt einen Eigenwert. Und allein dies stellt
ja schon eine Verlangsamung dar. Oder das Mittel wird
selbst zum Gegenstand der Reflexion gemacht wie bei Ce-
zanne. Gewiß, die Impressionisten waren enorm schnell,
auch van Gogh. Er ist übrigens ein authentisches Beispiel für
Tempo. Hier funktionieren Tempo, Gestalt und Form, und
deshalb ist van Gogh ein großer Künstler. Der hat ja von einem akademisch-technischen Standpunkt aus teilweise mi-

serable Bilder gemalt, malerische Katastrophen. Aber an
dem Punkt ist das absolut authentisch, weil unmittelbar. Er
hat dem Tempo die Disziplin geopfert. *Deswegen* ist er
groß. Das ist damals sonst niemandem gelungen. Es war für
diese Geste einfach auch die Zeit reif. Er selbst hätte es wohl
anders gesagt.

Dann kann man den Kubismus befragen, den Begriff der Simultaneität, der Gleichzeitigkeit, und die mühsame malerische Verlangsamung. Wo es die Futuristen dagegen mit der
Darstellung von Tempo versuchten, da scheiterten sie. Die
Bilder sind zu schnell, haben keine Form und keine Gestalt
mehr. Das Problem ist bis heute geblieben, die naiven Versuche, mit Tempo in Gestalt von Bewegung zu arbeiten, wie
es die Kinetiker gemacht haben, endeten meist im Kitsch.
Stattdessen griffen die Künstler auf primitive, vermeintlich
langsame oder gar statische Formen zurück, auf „altes Material", negierten die Maschine. Sie benutzten gerade *nicht*,
was die Technik bereitstellt. Sie nehmen etwa den Stein und
bearbeiten ihn langsam. Das hat mit der Sensibilität zu tun
oder dem „Denken mit den Sinnen", daß sie merken, worin
die Gefahr von Tempo besteht. Die Gestalt, die Form, all
das, worin das Künstlerische besteht, droht sonst verlorenzu-
gehen.

Lenger: „Akademie" im Sinne von „Gegenwart" hätte also
sehr stark mit einer spezifischen Durchquerung von Zeit-
ökonomien zu tun, mit Strategemen einer Verlangsamung,
die nicht etwa nur eine Opposition zu technisch erzeugten
Geschwindigkeiten darstellt. Vielmehr geht es um eine nicht-
instrumentelle Technik der Verbindung ganz unterschiedli-
cher Zonen oder Regionen der Zeit, um Techniken einer
Verkettung, die auf einer linearen Achse gar nicht verortet
werden können und auch auf der Skala des Schnelleren und
Langsameren gar nicht ablesbar sind. Die Verkettung sogenannter primitiver Formen mit der Maschinenwelt des
20. Jahrhunderts schließt ja diverse Zeiten ineinander. Die
Verkettung der „magischen Zeit" etwa eines Fetischs, der ja

Kunst nicht ist, sondern nur westeuropäischen Augen als Kunst erscheint, mit extrem schnellen Zeiten der Gegenstandswelt Westeuropas schafft eine multiple Zeitstruktur, eine bewegliche Ordnung diverser Zeitgefälle, eine Oberfläche aus Intensitäten, die in einer linearen Chronografie gar nicht zu verorten ist. All das scheint mir wichtig zu sein, weil es die Frage nach dem, was „Akademie" heute zu sein hätte, deutlich auf ein zeitökonomisches Problem verweist; oder genauer: auf die Frage einer anderen Verkettung zeitlicher Ökonomien und möglicher Gegenstände oder Bedeutungen, die in solchen Ökonomien auftauchen. Von hier aus wäre die These erlaubt, daß zum Begriff der Akademie unverzichtbar die Auseinandersetzung mit Formen der Beschleunigung und mit Techniken gehört, diese Zeitökonomie zu unterlaufen, zu subvertieren und anders zu montieren.

Walther: Ich würde folgendes sagen, was elementar künstlerisch ist und mit dem Problem der Zeit zu tun hat, mit verschiedenen Bereichen, in denen sich diverse Zeiten in Gegenständen, Gesten oder Haltungen zeigen: Wenn wir von Lehre sprechen, vom Problem des Experimentellen, muß ich grundsätzlich immer wieder zu definieren suchen, womit ich denn da hantiere, bevor ich irgendwelche Inhalte und Themen habe. Ich muß definieren, was Material ist, was Material sein soll - nicht, was Material *war*, das kann ich ja historisch ablesen - vielmehr, was Material gegenwärtig *ist* oder gar sein *wird*, und dies alles nicht im Sinn des „up-to-date". Vor dem Hintergrund dessen, was wir über Zeit und Geschwindigkeit gesagt haben, läßt sich im übrigen unschwer feststellen, daß sich der Materialbegriff dramatisch geändert hat. Und eben das wird häufig überhaupt nicht wahrgenommen. Ich kann zum Beispiel im Kubismus - und deshalb sind die Kubisten nicht bloß Maler - nicht einfach sagen: Euer Material ist die Leinwand, sind Ölfarbe und die Stoffe der Collage. Material im Kubismus ist die *Wahrnehmung*, in dem Fall die von Gegenständen; Material ist auch Zeit, aber zunächst Wahrnehmung. Denn das Problem der Simultaneität ist schon faszinierend. Diese ganz simple Frage: Wie kann ich einen Gegenstand wahrnehmen? Woraus besteht das? Das besteht aus dem, was ich über ihn weiß, aus dem Aussehen, aus dem Material, aus der puren Form, aus den Bedeutungen. Aus all diesem setzt sich das Werk zusammen. Traditionell konnte ich das nur nebeneinander und hintereinander, aber niemals gleichzeitig zeigen. Das war mit den zur Verfügung stehenden Mitteln gar nicht möglich. Die Kubisten haben versucht, ein komplexeres Bild zu gewinnen. Sie haben die Erscheinungsform aufgebrochen und mitgezeigt, wie sie sich zusammensetzt. Was hier „Material" ist, ist also überhaupt nicht eindeutig. Ich würde vorschlagen zu sagen: Material ist die Wahrnehmung, exemplifiziert an einem Gegenstand. Material wird dann im Surrealismus, im sogenannten Tachismus und im abstrakten Expressionismus mein Vermögen, dem „Inneren", was immer das sein mag, eine Gestalt im „Außen" zu geben. Also, dies Gerede von der Psyche brauchen wir dazu gar nicht.

Lenger: Gewiß nicht im landläufigen Sinn irgendwelcher Psychologen, die behaupten, den Menschen hinter den Werken zu sehen. Allerdings läßt sich in der Psychoanalyse wie im übrigen auch in der Philosophie dieses Jahrhunderts eine ganze Serie von Fragestellungen entziffern, die sich auf ihre Weise auch in der Kunst unablässig wiederholen. Das sage ich nicht, um in einen Wettstreit der Disziplinen einzutreten. Vielmehr wird man auf diese Multiplizität von Fragestellungen quer durch die Disziplinen hinweisen müssen, um dem Problem der „Forschung" auf der Spur zu bleiben und damit einem möglichen Begriff von Akademie. Beispielsweise stößt die Psychoanalyse auf eine Zeitlosigkeit des Unbewußten; sie stößt auf sprachliche Strukturierungen, die ein mögliches Sprechen des Unbewußten eröffnen; und nicht ohne Zufall exemplifiziert sie an künstlerischen Semiosen, was sich im Feld des Sehens dem Blick zuträgt, um einer Frage auf der Spur zu bleiben, die sich unter hochtechnologischen Bedingungen offenbar noch zuspitzt…

Walther: Ich stimme dir zu, hier gibt es Parallelen, die zu dem gehören, was „Akademie" heute zu sein hätte. Wenn wir näher an die Gegenwart heranrücken, so sehen wir, daß Zeit in der Kunst Material geworden ist. In meinem Fall, aber auch dem anderer Künstler, wurde es auch der eigene Körper. Die Geschichte ist Material geworden, die Sprache ist Material geworden. Was beispielsweise den eigenen Körper angeht: Wie ist denn die Vorstellung denkbar, daß ich mich selbst zur Skulptur modelliere? Was bedeutet das? Es ist beginnend mit der Minimal Art der reale Raum zum Material geworden. Hier war an der Akademie experimentelle Lehre erst einmal notwendig im Sinne der Frage: haltet ihr diese Erarbeitung für wichtig? Oder sagt ihr: Das interessiert uns nicht? Oder denk an das Problem der Sprache, auch im Zusammenhang mit der Grundlehre. Hier habe ich gesagt: macht doch statt Farblehre, die heute nichts besagt, Sprachlehre. Man wußte damals gar nicht, wovon ich rede. Ich antwortete: Es gibt doch handfeste Beispiele; guckt euch die Konzept-Kunst an, nicht als Konzept, sondern seht, was da mit Sprache gemacht wird, Art and Language usw. Für mich waren reale Zeit, realer Raum, Körper, Sprache und Geschichte längst Material geworden, mit dem ich modelliere. Und das war etwas ganz anderes als das, was ich in der „Akademie" vorfand.

Lenger: Zum Begriff der Verlangsamung. Du sagst, die künstlerische Auseinandersetzung mit Technik und Technologie bestehe in der Verlangsamung. Ich würde hinzusetzen: Sie spielt sich an jenem Punkt ab, an dem sich Geschwindigkeit und Langsamkeit in einer Weise berühren, die auf keiner Geschwindigkeitsskala ablesbar ist. Das technische Instrumentarium oder Organon wird jedenfalls nicht mehr im instrumentellen Sinn verwendet, sondern als Medium eigens befragt. Das ist für die Frage, was „Akademie" in einer technologisch konditionierten Welt sein muß, von großer Bedeu-

Werkvorführung der Zeit-Raum-Skulptur,
Performance-Festival Hamburg, Admiralitätstraße, 1976

tung. Akademie würde heißen: sich den Gesetzen des Technologischen entwinden, um sie zum Thema machen zu
können.

Walther: Das ist ein zentraler Punkt. Wenn es wahr ist, daß
der Materialbegriff noch immer in Bewegung ist, daß er sich
längst nicht mehr auf Holz, Leinwand und Stein reduzieren
läßt - was könnte das dann bedeuten? Wenn man nur übernimmt, was andere Künstler formuliert haben, macht man
über kurz oder lang einen langweiligen Akademismus daraus.
Das darf nicht sein. Wie könnte es also sein? All das meine
ich mit dem Begriff des Experimentellen, des Offenen.

Lenger: Strategeme der Verlangsamung haben nichts damit
zu tun, daß die Künstler hinter der Entwicklung herhinken
würden, daß sie nicht mehr „up-to-date" wären. Du sagst:
das sind Modelle der Zukunft, das sind Horizonte von etwas, was uns erst bevorsteht. Ich würde sagen: hier zeichnet
sich also etwas ab, was nicht etwa schneller ist, sondern
was „früher" ist. Freilich muß das von jeder Archaik freigehalten werden, die natürlich immer sehr verführerisch ist...

Walther: Wir sprechen nicht von der Fortsetzung dessen,
was als Geschichte schon da ist. Es geht nicht um Abwandlung, Fortwandlung, Umwandlung - dies kann ich im geschichtlichen Rückblick zwar stets ausmachen, aber das ist
nachträglich. Wir sprechen über etwas, was wir erst erforschen oder erkunden müssen. Merkwürdig, das Experimentelle sollte doch eigentlich „schneller" sein. Ist es aber nicht.
Du hast recht: Es ist „früher". Im Experimentellen liegt ja
auch, etwas anderes zu machen als das, was allgemein da
ist. Doch das setzt voraus, daß ich weiß, was zum Bestand
gehört. Erst dann kann ich dem etwas entgegensetzen oder
in ihm etwas zur Geltung bringen, was bisher noch nicht
formuliert worden war. In meiner Arbeit beispielsweise ging
es nicht um eine Fortsetzung *von etwas.* Ich wollte zunächst
einen Raum, in dem sich etwas befragen ließ. Und das be-

deutete auch, auf schnelle Produkte und vorzeigbare Resultate zunächst zu verzichten. All das gehört zur Verlangsamung. Ich brauche das, um überhaupt etwas sehen zu können.

Lenger: Wir machen jedoch die fast traumatische Erfahrung, daß gewohnte Raum- und Zeitparameter nicht mehr greifen und an Gültigkeit einbüßen. All das ist zumindest fragwürdig geworden. Wir können telefonieren, wir können faxen, wir können über Satellit Bildschaltungen vornehmen, die uns in Echtzeit zusammenführen, quer über die Kontinente, kurz: technologisch werden heute ganz neue Räume und Zeiten produziert. Heute sind wir immer weniger adressiert nach geografischen Längen- und Breitengraden, sondern nach Datenkennziffern, die überall auf der Welt Gültigkeit haben, weil sie Adressierungen eines elektronischen Netzes sind. Die Problematik, mit der wir zu tun haben, besteht also auch darin: Was Raum ist, emanzipiert sich von materialen Gegebenheiten. Das Immateriell-Werden des Raums, seine Emanzipation von dem, was sich in dreidimensionalen Koordinaten ansiedelt, ist eine evidente Tatsache geworden.

Walther: Richtig, und damit bekommst du ein gewaltiges Problem, das ich als Künstler natürlich bemerke. Was du beschreibst, sind reale Räume. Aber zugleich sind sie virtuell. Das ist ein eminentes künstlerisches Problem. Denn der Künstler nimmt zunächst einmal sinnlich wahr. Auch wenn er mit Begriffen arbeitet, ist das zunächst eine sinnliche Arbeit. Ich habe um mich herum die Räume zu definieren. Und das Bewußtsein von dem, was Räume sind, ist in der westlichen Kultur gänzlich verlorengegangen. Wir haben keine öffentlichen Räume mehr. Das sind alles mit Schrott zugestellte Plätze. Und wenn ich „Raum" sage, wenn ich von „Ort" spreche, habe ich Mühe, Beispiele dafür zu zitieren, weil alles mit Gerümpel vollgestellt ist. Ich schaue mir doch an, wie die Plätze in den Städten sind. Es gab ja mal Zeiten, in denen öffentliche Räume existierten. Das ist verlorengegangen. Ich erlebe diese Plätze als Un-Orte, als Un-

Plätze. Und Stück für Stück mußte ich mir erst ein Bewußtsein davon erarbeiten, was Räume sind oder sein können.
Ob sich junge Menschen heute für solche Fragen interessieren, weiß ich nicht. Doch ich kann mir nicht vorstellen, daß
sie von dieser Frage unberührt sind. Gehört doch die Frage
nach dem Raum, nach dem Ort elementar zum Menschen.
Übrigens gehört das Problem des Ortes auch ganz zentral
zur Frage nach dem Material. Beide Probleme berühren
sich. Das Material entwickelt ja Bedeutung an einem Ort.
Der Ort ist für Bedeutungen unverzichtbar. Und wie soll
nun in diesen virtuellen Räumen ein Gefühl, ein Bewußtsein
für Material entstehen?

Lenger: Wir konstatieren jedoch in der Kunst selbst ein Immateriell-Werden des Materials. Wo soll ich „Werk" noch
festmachen, wo es konzeptionell wird, wo es immateriell
wird, wo es mit imaginären Gegebenheiten spielt, die sym-
bolisch durchquert werden? Wie könnte die Frage nach der
Technik und nach Technologien - Stichwort: Computer, elektronische Kommunikation - als künstlerische Frage formuliert werden, nicht als Problem ihres Gebrauchs, sondern als
Frage nach dem, was „téchne" einst meinte, nämlich das
Supplement, von dem aus Welt erst erscheint und wo sich
ihr Erscheinen mit der Frage nach der Zeit verbunden hatte.

Walther: Ja, das „Werk" wird sich in Frage stellen müssen.
Wir können gar nicht wissen, was ein Werk ist. Früher war
das einfach, da hatten wir das sinnlich-gegenständliche
Artefakt vor uns, in Gestalt eines Bildes oder einer Skulptur.
Das „Werk" war vorhanden. Das habe ich in Frage gestellt,
das haben andere in Frage gestellt, und dafür gibt es Grün-
de. Stets gab es da so etwas wie eine Repräsentation des
Werks in der materialen Gegebenheit. Und meine frühe Ar-
beit hat dies verneint: Werk ist doch eher ein *mentales*
Werk, eine Vorstellung, die ich davon habe. Das ist doch
„Welt in mir". Und wie funktioniert das? Damit das keine
Theorie ist, kein Nur-Manifest, mußte das natürlich künstle-

Skulpturhandlung, Nationalgalerie Berlin, 1981

rische Praxis werden, in der die Frage erscheint. Aber das Werk selbst ist immateriell geworden, es ist gar nicht „da". Was damit angerührt wurde, habe ich zu Anfang gar nicht einschätzen können. Es steht bis heute quer zu Verabredungen, die natürlich nach wie vor existieren. Die allgemeine Vorstellung ist ja immer noch: Das „Werk" ist das „Ding". Allerdings: All das kann nicht ohne weiteres zum Lehrinhalt werden. Das muß in der Lehre sozusagen hindurchgehen durch eine Untersuchung tradierter Werkbegriffe. Das „Loch" allerdings ist da. Und welche Konsequenzen das für die Zukunft hat, weiß ich nicht. Das hat ja bisher keine Tradition begründet und konnte auch gar keine Tradition begründen. Denn es gibt dafür keine Lösungen. Doch das Problem ist da.

Lenger: Die Entwicklung im Künstlerischen stößt hier an eine gewisse Grenze, indem sie den Rahmen der Kunst selbst umschreibt, nachzeichnet und befragt, vielleicht sogar verläßt. In gewisser Weise verläßt sie ihren eigenen Rahmen, um zu werden, was sie ist - ein hübsches Paradox. Und das macht die Frage nach der Möglichkeit künstlerischer Akademien so brisant. Da du von virtuellen Welten sprichst: An den Kunsthochschulen haben wir es doch längst mit Studenten zu tun - vorausgesetzt, sie sind interessant - , die nicht mehr so sehr aus Real-Räumen die Frage nach dem Virtuellen aufwerfen, sondern umgekehrt aus dem Virtuellen die Frage nach dem aufwerfen, was Realräume sein könnten. Immer intensiver definiert sich die Situation, die Situierung in Räumen vom Virtuellen her. Da spielt sich eine ganz andere Bewegung ab als in der Kunst der 60er und 70er Jahre, wo die Frage lautete: Wie den Real-Raum überschreiten?

Walther: Ja, das sind nun Probleme, die mich nicht mehr unmittelbar berühren. Interessant finde ich sie trotzdem. Dennoch, diese Studenten haben mich da als Lehrer sitzen. Der sagt zwar: Wenn ihr mich nicht mehr braucht, dann gehe ich, ich nämlich brauche die Hochschule nicht. Aber noch wollen sie mich da haben. Da scheint es doch Erfahrungen zu geben, die denen etwas sagen und mit denen sie etwas anfangen können. Das ist erstaunlich, aber es ist so. Ich bestehe jedenfalls auf der Frage nach dem Künstlerischen. Nicht im Sinn eines geronnenen Kunstbegriffs, sondern im Sinn eines Offenhaltens der Frage nach der Kunst. Das betrifft Fragen wie die: Hat das eine Struktur? Wenn ja, welche? Ist gemeint, was sich da zeigt? Teilt sich unterhalb des Meinens etwas anderes mit, das nicht weniger intensiv befragt werden muß? Wie verhält sich all dies in einer gegebenen Struktur? Gibt es Bezüge zur Geschichte? Mit welchen Parametern kann das beschrieben werden? Und so weiter. Häufig fehlt den Studenten das Bewußtsein, so fragen zu können, und weil ich auf diesem Befragen bestehe, ist eine Arbeit möglich. Mir hat deshalb bis heute niemand klarmachen können, daß es auf die Kunst nicht mehr ankäme und daß es um etwas ganz anderes gehen würde. Denn was wäre das? Das löst sich dann argumentativ im Ungefähren auf. Aber *was* ist das dann? Um daran zu arbeiten ist die Hochschule nach wie vor ein sinnvoller Ort. Oft bin ich beispielsweise mit zu allgemeinen Vorstellungen konfrontiert, die überall passen. Ich frage dann: Was willst du in der *Kunst* damit? Es muß also immer spezifisch werden. Denn erst dann können gewisse Bedeutungen entstehen. Erst dann wird es künstlerisch interessant. Daran halte ich fest.

Lenger: Heute stehen wir vor dem Problem, daß die weltweit verschalteten Netze Bedeutungen automatisch generieren. Die „écriture automatique" ist sozusagen ein technologischer Prozeß geworden, der den unablässigen Schock zum Normalzustand gemacht hat. Dies verschiebt ja nicht nur, was man den Psychismus der Moderne nennen könnte, sondern die gesamte Problematik der Kunst. Auf den ersten Blick könnte man sagen, daß wir es mit einer Inflation der Zeichen und der Bedeutungen zu tun haben. Denn Inflation bedeutet ja auch die generelle Entwertung aller umlaufenden Zeichen und Bedeutungen. Auf den zweiten Blick aber, hinter den Oberflächen der technischen Medien, dürfte sich etwas anderes abspielen.

Bis zu einem gewissen Zeitpunkt haben Medien wie Schrift, Zeichnung, Malerei und Skulptur in Kunst und Literatur, Notenpapier und Orchestrierung in der Musik den Umfang möglicher Zeichen, möglicher Semiosen und spezifischer Konfigurationen möglicher Bedeutung vorgegeben. Unter solchen medialen Bedingungen stellt sich her, was man die heroische Phase der Kunst nennen könnte. Etwas später eröffnen Telegrafie, Grammophon und Film neue Bedingungen dessen, was man technische „Aufschreibesysteme" nennen könnte: Systeme der Verarbeitung, Speicherung und Übermittlung von Zeichen und Bedeutungen also, die den individuellen Autor immer mehr zu einem Anachronismus machen. Mit dem Computer haben wir seit den 60er Jahren sozusagen eine technische Stufe *allgemeiner* Medialität erreicht, und zwar insofern, als in dem Aufschreibesystem Computer alle *spezifischen* Medialitäten kompatibel geworden sind. In gewisser Weise hat sich hier das Problem der Medialität also im doppelten Wortsinn selbst überholt. Und das leitet einen Rückzug des Künstlerischen ein, nicht im Sinn einer Resignation, sondern im Sinn einer fundamentalen Verschiebung der Fragen nach Sinn, Gestalt und Bedeutung. Beispielsweise haben die technischen Medien alle künstlerischen Formgebungen auf ihren Benutzeroberflächen universal verfügbar gemacht.

Walther: Ja, diese Verfügbarkeit nenne ich das allgemein Kulturelle. Da handelt es sich um Menschen, die Geschmack haben und sich damit einrichten, die Bilder und Material um sich haben und damit gestalten, wenn auch ohne Kenntnis von Gestalt - dieses „allgemein Kulturelle" hat es immer gegeben. In den 60er Jahren etwa gab es dieses allgemein Kulturelle auch, doch man fragte immerhin noch nach dem Spezifischen. Heute dagegen halten immer mehr Leute bereits das Allgemeine für das Spezifische. Und darin wollen sie dann Bedeutungen sehen bei Abwesenheit jeder Struktur, jeder Gestalt. Das sind angenommene oder behauptete Bedeutungen. Jeder kommt und erklärt uns: Für mich ist das so und so, hat diese und jene Bedeutung. Wenn das gilt, hat allerdings jeder Aquarellist hinter dem Deich recht. Und dann besteht tatsächlich die Gefahr, daß das Künstlerische im Rückzug ist.

Bei all dem dürfen wir jedoch nicht vergessen, daß auch dies Problem nicht völlig neu ist. Denk an die Diskussionen am Ende des letzten Jahrhunderts, die im Zusammenhang technischer Reproduktionsmöglichkeiten aufkamen. Das war auch damals enorm verführerisch. Die Kamera, das Foto, wie wurde das von gewissen Leuten gegen das Tafelbild ausgespielt! Wenn sich die Künstler davon hätten faszinieren lassen, dann wäre die Entwicklung der Kunst anders verlaufen. Es hätte sich dann das Problem, über das wir heute sprechen, schon damals anders geltend gemacht. Ich denke, daß nach wie vor Individuen auftreten werden, die versuchen, Gebrauch vom Allgemeinen zu machen, um etwas Unverwechselbares zu formulieren. Dabei entstehen ja Sachen, die größere Gruppen von Menschen auf eine Weise interessieren, die es erlaubt, vom Künstlerischen zu sprechen.

Lenger: Alles scheint auf das Problem einer Engführung von Technik und Kunst hinauszulaufen. „Téchne" meint ja eigentlich Kunst. Die Trennung zwischen beiden ist demgegenüber später, ist nachträglich. Wenn wir die künstlerische Frage darin suchen, was die Möglichkeitsbedingung von Bedeutung ist, wo der Punkt oder die Nahtstelle ist, von der aus die Frage nach der Entstehung, nach Werden, nach „génesis" aufkommt, was also „früher" ist als „génesis", so lautet heute die Frage: Wie läßt sich diese Frage im Problem der Beziehungen von Technik und Kunst gegenwärtig thematisieren? Und zwar so, daß darin die künstlerische Frage kenntlich bleibt?

Den gebildeten Menschen mit Geschmack, den du soeben karikiert hast - das ist der Mensch der Benutzeroberfläche.

Er ist stets und über alles informiert, denn die Welt zeigt sich ihm jederzeit verfügbar. Er ist beweglich und weiß mit allen Formen umzugehen, die sich nämlich längst standardisiert haben. Hier geht der Ingenieur einen Schritt weiter. Er schaut „von hinten" in die Geräte. Er weiß deshalb auch besser als jeder von uns, wie sie funktionieren. Er weiß die Schaltkreise zu beherrschen und Signale zu übermitteln. Aber weiß er deshalb, was Signale und Geschwindigkeiten sind? Weiß er deshalb, was Raum ist und was Zeit, die er da technisch generiert? Was könnte es also bedeuten, in die Benutzeroberflächen sozusagen einzutauchen - nicht, um in ihnen aufzugehen und auch nicht, um sie instrumentell erzeugen zu können, sondern um sie zu befragen, um also jene Frage zu wiederholen, von der wir sagten, sie sei eine spezifische Frage der Kunst: jener Punkt, an dem das Medium nicht mehr etwas transportiert, sondern selbst zum Problem wird? Mir scheint, daß alle Schwierigkeiten, die Strukturen einer gegenwärtigen Akademie zu beschreiben, sehr eng mit dieser Frage zusammenhängen.

Walther: Ich bin immer gut damit klargekommen, zu sagen: Eine Kamera, ein Videorecorder ist für mich genauso ein Instrument wie ein Bleistift. Zwischen dem Bleistift und auch dem Computer mache ich also keinen prinzipiellen Unterschied. Mit beidem kann ich arbeiten. Beides hat spezifische Eigenschaften. Das klingt sehr grob, aber daran ist etwas. Ich mache Gebrauch von dem und arbeite damit. *Was* aber mache ich? Genau das ist die Frage. Ich kann es nicht von vornherein angeben. Entscheidend ist stets, daß das Material, das ich gebrauche, dem, was ich mache, entspricht. Es gibt Künstler, die zeichnen etwas mit dem Bleistift, und man müßte ihnen sagen: Eine Kamera wäre dafür viel besser geeignet. Ich muß das Instrument verstehen. Das ist künstlerisch nichts Äußerliches. Ich kann mit einem Instrument nicht etwas machen, was gar nicht *in ihm angelegt* ist. Beispielsweise könnte ja einer auf die Idee kommen, den Kölner Dom aus Streichhölzern zu bauen. Man sagt ihm, das sei absurd. Und wenn er gewitzt ist, dann antwortet er, um das Maß voll zu machen: Aber bitte, das Absurde ist doch stets ein Moment in der Kunst gewesen. Dann kann ich nicht mehr weiterargumentieren, um ihm das Unsinnige dieser Erklärung zu verdeutlichen.

Lenger: Was das Verhältnis von Computer und Bleistift angeht, würde ich dir trotzdem widersprechen. Der Computer ist kein spezifisches Instrument wie der Bleistift, wenn wir unter Instrument eine gewisse Materialorganisation oder Materialstruktur verstehen, die es mir erlaubt, bestimmte Zwecke zu verfolgen. Diese spezifische Struktur gibt es zwar beim Pinsel und Bleistift, auch beim Fotoapparat oder Videorecorder. Das sind nämlich Apparaturen, die bestimmte, materialiter festgelegte Möglichkeiten eröffnen. Der Computer dagegen ist eine immaterielle Maschine insofern, als sie ihre Bestimmung allein darin findet, jede andere Maschine simulieren zu können. So kann ein Computer zur Dunkelkammer werden. Er kann zum Filmstudio werden. Er kann Bleistift oder Pinsel werden. Deshalb ist der Computer auch kein *spezifisches* Instrument mehr. Was ist er stattdessen? Ich behaupte, daß wir das nicht mehr wissen können. All diese Fragen stellen sich aber auch nicht auf der Ebene der *Benutzung* von Programmen, sondern auf der Ebene der Programmierung selbst.

Walther: Mir fällt dazu die Erfindung der Ölmalerei in der Spätrenaissance ein. Mit dieser Erfindung konnten phantastische Räume simuliert werden. Die Erfindung hing mit der Gegenreformation zusammen - man benötigte Propagandabilder, illusionäre Räume, in denen Wunder geschehen konnten. Vorher hatte ich die trockene, kurze Malerei des Tempera. Damit konnte ich keine großen Illusionsräume machen. Die hätte ich mühsam herstellen müssen. Mit der Lasur geht es, denn das Öl macht die Farbe flüssiger. Ich kann jetzt die Riesenformate machen, die für die Illusion gebraucht werden. Mit den Tafeln war das nicht zu machen.

Zwar sprechen wir nach wie vor von Tafelbildern, aber es handelt sich ja längst nicht mehr um Tafeln. Ich habe nur noch den Rahmen und die Leinwand, die früher die Tafel kaschierte. Jetzt kann ich Illusionsräume machen. Auch das ist eine Form von Simulation. Die Menschen waren hingerissen, weil sie die Illusion faszinierte, ja weil sie das unmittelbar für Räume gehalten haben. Jetzt konnte man Illusionsräume erzeugen. Ich kann die Körper in diese Farbräume hineinlegen, was vorher nicht möglich war, aber jetzt mit der flüssigeren Farbe und Lasur geht. Ist dieses Modell mit dem Computer vergleichbar?

Lenger: Ich denke nicht. Wenn ich mit dem Computer alle anderen Maschinen simulieren kann, dann ist der Computer nichts Spezifisches mehr. Mit einem Bleistift sind die künstlerische Form oder ein künstlerischer Formhorizont sozusagen vorgegeben. Da handelt es sich um ein Instrument, in dem alles enthalten ist, was sich mit ihm sagen läßt - so wie in einer Klaviertastatur sämtliche Klavierkonzerte und Klaviersonaten virtuell enthalten sind, die geschrieben worden sind und geschrieben werden können. Wenn aber der Computer alles sein kann, ist er zugleich nichts mehr. Ein künstlerischer Umgang mit dem Computer sieht sich immer zurückgeworfen auf die Frage: Welches Instrument wollen wir denn simulieren?

Walther: Dann ist der Computer aber doch ein Werkzeug, wenn auch ein komplexes.

Lenger: Man müßte es noch radikalisieren und sagen: Die Frage, wie mit dem Computer Kunst machen, stellt sich gar nicht, denn er ist kein spezifisches Werkzeug mehr, sondern ein allgemeines. Hier stößt die Technikgeschichte an ihre eigene Grenze, denn ich kann mich zum Computer gar nicht mehr konkret verhalten. Er ist die „allgemeine Maschine", die „Maschine aller Maschinen". Aber diese paradoxe Bestimmung durchläuft gleichsam rückwirkend alle regionalen

Bereiche des Medialen, und in dieser Bewegung hat sich meiner Auffassung nach noch nicht abgezeichnet, wo die spezifisch künstlerische Frage einsetzt. Dazu reicht es ja nicht, vor das Wort „Telematik" nur das Attribut „künstlerisch" zu setzen.

Walther: Vielleicht ist das der Grund dafür, daß mich das gar nicht so sehr fasziniert. Ich schaue mir das an; aber viel mehr fasziniert mich ein Din-A4-Blatt, auf dem ich mit dem Bleistift eine bestimmte Anschauung organisieren kann. Das kann ich nicht mehr riechen und schmecken. Das gehört für mich dazu, um die Probleme, die ich um mich herum sehe, artikulieren zu können. Ich brauche das andere gar nicht... komisch! Ich denke, das ist keine Nostalgie, die am Bleistift klebt und an Erinnerungen festhält. Mich fasziniert die „allgemeine Maschine" einfach nicht.

Lenger: Bisher haben wir „Akademie" in Opposition zur künstlerischen „Gegenwart" diskutiert, nämlich als Repräsentation oder als Verspätung dessen, was du das Experimentelle nennst. Wenig später lautete unsere Hypothese, daß das „Experimentelle" in den 60er Jahren im Innern der Akademie manifest auftaucht. Damit lösen sich gewisse Grenzen unwiderruflich auf. Doch sie verschwinden nicht einfach, sondern durchlaufen unterschiedliche Brüche und Umbrüche, aus denen neue Grenzen oder Demarkationslinien hervorgehen. Ich denke, daß unsere Schwierigkeiten mit der „Akademie" darin bestehen, diese veränderten Grenzen nachzuzeichnen. Denn sobald „Innen" und „Außen" nicht mehr mit institutionellen Grenzen zusammenfallen, in denen sich „Akademie" einst definierte, geht die Frage nach der Akademie in ein äußerst bewegliches Feld möglicher Definitionen über. „Akademie" kann dann zunächst einmal überall sein. Sie ist nicht länger institutionell garantiert. Sie wird zu einer Frage lokaler Setzungen, die sich vorübergehend herstellen mögen, um sich zurückzuziehen und in anderen Setzungen wieder aufzutauchen. Anders gesagt: Das Problem künstlerischer Lehre läßt sich weniger denn je auf einem institutionell definierten Territorium lokalisieren. Vielmehr situiert es sich in Zusammenhängen, die ausschließlich durch das Niveau oder die Höhe der Fragestellung definiert oder hergestellt werden. Wobei dann freilich ebenso die Metapher der „Höhe" befragt werden muß: Dies hat nichts mehr zu tun mit dem Blick nach „unten" oder nach „oben", vielmehr mit situativen Konstellationen, überraschenden Wendungen, die sich eher auf der Ebene der Verteilung abspielen, nicht mehr in einem Gefüge von Hierarchien.

Walther: Ja, spätestens seit den 60er Jahren ist es nicht mehr möglich, Lehrer im alten Sinn zu sein. Dennoch bleibt ein Problem. In dem Augenblick, in dem ich das Experimentelle formulieren muß, um es weitergeben zu können, tritt schon eine Verzeichnung ein, und ich kann meinen „Gegenstand" möglicherweise gar nicht mehr erkennen. Ich selbst habe in der Hochschule immer genauso gesprochen und gehandelt, wie ich auch draußen gesprochen und gehandelt habe. Ich wollte die Akademie nicht abschaffen, aber die Beziehung von Drinnen und Draußen, diese Grenze zwischen beidem mußte weg. Dennoch ist nach einiger Zeit die Tendenz da, daß das, was ich vorgetragen hatte, im Gebrauch auch wieder formalisiert und „akademisiert" wurde. Diese Gefahr ist immer da, und im gleichen Moment hat man wieder die alte Akademie. Im freien Bereich war das weitgehend ungefährlich. Zu einer wahren Pest ist das in der Pädagogik geworden. Was die Leute da gemacht haben, war zwar nicht uninteressant; sie haben es etwa in die Schule weitergetragen, das war in Ordnung. Aber sonst... Um das Problem zu bezeichnen, diese kleine Geschichte mit Lawrence Weiner muß Mitte der 70er Jahre gewesen sein. Er guckte sich in der Hochschule um, sieht den Gebrauch der künstlerischen Strategien unserer Generation und sagt: „Mensch, die machen das ja besser als wir." Darum eben geht es: Natürlich konnte derjenige, der um 1920 oder 1923 herum an der Akademie arbeitete, in der die abgemeldete Form des Expressionismus langsam zum Standard und deshalb lehrbar geworden war, auf einem „akademischen" Level „bessere" Bilder malen als die originalen Expressionisten. Er brauchte ja das Eis nicht mehr zu brechen. Genau das ist aber das Dilemma: Die Akademie kann ein wunderbarer Ort sein, an dem interessante und interessierte Leute zusammenfinden - als kritische Masse sozusagen, die möglicherweise zündet. Du brauchst diese „kritische Masse". Aber es ist keine Lehre mehr aus der Gegenwartskunst abzuleiten, es ist keine Grundunterrichtung mehr in dem Sinne möglich, daß daraus eine Produktion zu machen wäre - all das geht nicht mehr. Deshalb könnte man eigentlich sagen, daß ich eine Hochschule für *bildende* Künste nicht mehr brauche, seitdem ich nicht mehr klar sagen kann, was ein „Bild" ist. Andererseits: Wer anders könnte das überhaupt bezeichnen als die, die sich für solche Problematiken interessieren und dafür an einem Ort zusammenfinden? Wer kann über das, was ein Bild ist, legitim nachdenken, wenn nicht die Künstler? Und wo sollte es als Unterredung geschehen, wenn nicht an einer Akademie?

Lenger: Unser erster Gesichtspunkt war die Problematik der Zeit, das Problem der Beschleunigung, das Strategem der Verlangsamung. Spätestens jetzt ist ein zweiter Gesichtspunkt hinzugekommen: Diese Problematik determiniert zugleich eine manifeste Entstofflichung. Was du über den Materialbegriff sagst, läuft auf eine De-Materialisierung hinaus, zumindest auf ein Verlassen festgelegter Gegenstandsbezüge wie: Bildhauerei ist durch einen bestimmten Gegenstandsbezug definiert, Malerei ist durch einen bestimmten Gegenstandsbezug definiert usw. Insofern bewegt sich unsere Frage für mich immer schon, technisch gesprochen, auf der Ebene des Computers. Was man jedenfalls beschreiben kann: In die Akademie zieht eine Art Transversalität im Innern der Materialbegriffe ein, die festgelegte Gegenstandsbezüge auflöst und neu gruppiert. Und das geht bis an eine gewisse Grenze der De-Materialisierung des Materials. Denn

Zeit ist nichts Stoffliches, Raum ist nichts Stoffliches, und all das treibt die künstlerische Frage an eine gewisse Grenze, die sich auch als Grenze der künstlerischen Fragestellung selbst herausstellen könnte. Hier erreicht diese Fragestellung ein Stadium oder besser eine Zuspitzung, eine Intensität, in der sich die Frage nach der Kunst erst in neuer Weise artikulieren muß. Was ist Akademie „nach" der Akademie? Das ist nur die andere Seite der Frage: Was ist Kunst „nach" der Kunst - also zumindest „nach" dieser Transversalisierung der Gegenstandsbezüge, nach einem Übergang der künstlerischen Problematik in eine Problematik des Ereignisses und der Serien von Ereignissen? Das dürfte mit Problemen der technischen Medien zusammenhängen, die wir bereits am Beispiel der Rotationspresse berührt hatten. Denn in der medialisierten Welt weiß ich nicht mehr so ohne weiteres, wo ich bin und wann ich bin, weil die elektronische Maschinerie in einer Weise Raumbezüge und Zeitkonstanten auflöst, die mir die Sinne schwinden läßt...

Walther: Zum Moment der Entstofflichung. Wenn ich den Werkbegriff so bewege, daß er nicht unbedingt eine Verstofflichung, eine Materialisierung braucht, wenn ich, um im Bild zu bleiben, nicht die Skulptur vor mir in Ton, sondern die Gestalt *in mir* modelliere - was bedeutet das? Ich lehre in einer Bildhauerklasse. Und das ist auch richtig, denn ich modelliere ja nach wie vor, und immer noch geht es um Körper im Raum... Allerdings weiß ich nicht mehr, was Raum *ist.* Die Altvorderen wußten das noch. Wir dagegen *können* es nicht mehr wissen. Ich kann in dem Raum etwas zeigen, ich kann ihm eine Gestalt geben, ich kann das alles glaubhaft machen. Aber das ist keine umbaute Raumform mehr. In den vergangenen Jahrzehnten ist viel von einer „Erweiterung des Kunstbegriffs" gesprochen worden - nicht erst von Beuys, der Begriff ist älter. „Erweitern" heißt ja nicht: nur um neue Materialien erweitern. Das wäre der alte Begriff von Erweiterung, der die Geschichte der Moderne ohnehin bestimmt. Ich habe deshalb lieber vom „Anderen Werkbegriff" gesprochen. Der ist *anders* als jene Werkbegriffe, die sich immer mehr oder weniger im Stofflichen gezeigt haben, in der konkreten Gestalt, die vor mir stand. Mir hatte sich erschlossen, daß „Werk" auch etwas *anderes* sein kann.

Lenger: Ich denke beim Begriff des „Werks" selbstverständlich auch an andere Kontexte, etwa an die Beziehungen, die das Werk zum „Wirken", zur „Wirkung" und zur „Wirklichkeit" unterhält. Diese Beziehungen werden ja nicht etwa von etymologischer Willkür regiert. Damit etwas „wirklich" werden kann, muß es sich ins Werk setzen. Dieses Ins-Werk-Setzen nennt Aristoteles „en-érgeia", die bei ihm deshalb mit „Wirklichkeit" weitgehend zusammenfällt. Auch die spätere Wendung eines Denkens der „Energie" im heutigen Verständnis geht also aus Einschnitten hervor, die gewisse metaphysische Anordnungen verschieben und zugleich fortführen. Mit all dem will ich darauf hinaus, daß die Idee des „Werks" und das Bild des Künstlers, das aus dieser Idee hervorgeht, voller Voraussetzungen ist, die auch oder gerade in Hinblick auf einen „anderen Werkbegriff" befragt werden müßten. In welcher Weise verbleibt er im Gefüge dieser Anordnungen? In welcher Weise verspricht er, dieses Gefüge zu verlassen? Kann die Frage nach dem Werk noch Werk werden? All dies scheint mir überhaupt nicht eindeutig zu sein.

Walther: Richtig, wenn ich in der Hochschule oder in der Akademie bin, ist es gut möglich, daß ich lange Zeit überhaupt nichts „vorweisen" kann. Ich habe mir oft vorgestellt, daß wir da zusammensitzen und die Politiker, die uns das Geld geben, einmal dabeisäßen - die würden den Laden doch sofort dichtmachen und sich fragen, was diese Idioten denn da eigentlich machen? Möglich ist ja, daß dabei sogar gar nichts herauskommt, und ich sagen muß: Ja, es *kann* im Augenblick auch nichts in diesem „konkreten" Sinn herauskommen, im Moment geht das nämlich gar nicht, weil Zeit und Umstände nichts hergeben. Da sind wir mittendrin in

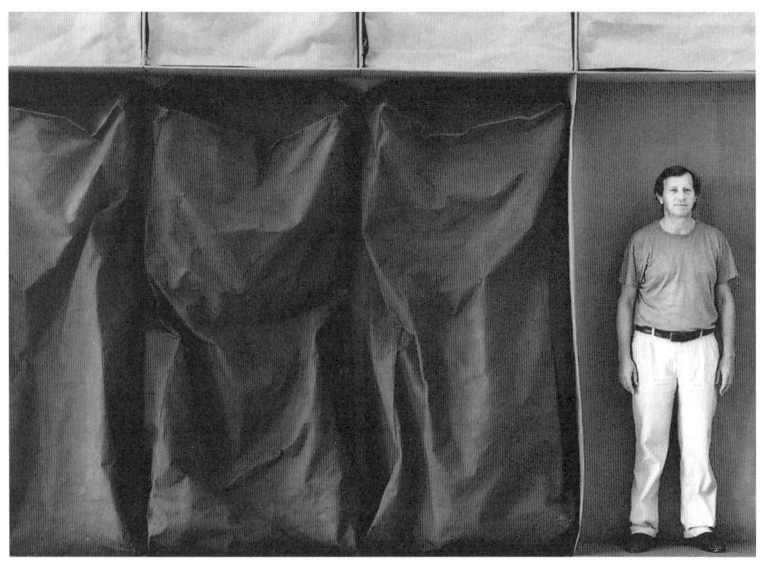

Wandformation „Doppelte Antwort ROT", 1986

Wandformation im Kunstverein in Hamburg, 1990

dem, was wir Forschung genannt haben. Das ist elementare
Forschung. Zwar hat auch der Bildhauer, der an seinem
Stein verharrt, auf seine Weise Forschung gemacht, doch
bleibt das notwendigerweise in Konventionen gefangen. Es
ist ein Forschen im Bereich der Überlieferung, ein Weitertreiben im Sinne von „Erweiterung" des alten Werk- und
Materialbegriffs. Forschen im *anderen* Werkbegriff bleibt zen-
trale Aufgabe, die sich bis heute nicht erledigt hat. Die traditionelle Akademie kann das jedoch nicht vorantreiben. Und
die Politiker - die geben das Geld doch nur für die alte Akademie, für das Produkt, für die künstlerische Unterhaltung.
Das ist von deren Sicht aus sogar in Ordnung. Aber für das,
was wir jetzt meinen, kriegen wir kein Geld. Es ist für die
doch nichts Greifbares da.
Zugleich bleibt tatsächlich die Frage: Brauche ich dazu die
Akademie? Ja, wenn wir „Akademie" in dem Sinne verstehen, daß dies ein Ort ist, an dem ich Menschen, die ein In-
teresse an Kunst haben, zusammenbringen kann. Ich muß
eine solche Konstruktion haben. Ob ich das nun Akademie
nenne oder nicht, ist nicht wichtig. Aber ich brauche solche
Orte, um die „kritische Masse" zu bekommen, die ich sonst
nicht zusammenbringe. Das ist zwar ein schwaches Argument, aber es ist eines. Schwach ist es zumindest für diejenigen, die ein „Resultat" erwarten. 1967 oder 1968 habe ich
deshalb den Satz veröffentlicht: „Wer Resultate erwartet,
braucht erst gar nicht anzufangen." Ich forsche also, habe
aber gar keinen konkreten Gegenstand, kein ausgemachtes
Ziel, kann keine genauen Vorgaben machen, obwohl das alles sehr präzise da ist, wenn auch kaum zu bezeichnen. Es
kann sich nun doch jeder Pumpelmus meine Argumentation
zu eigen machen und herumquatschen - denn wer will das
kontrollieren?

Lenger: Andererseits verfügen wir weder in den Geisteswis-
senschaften noch, so weit ich sehe, in den Naturwissenschaften über gesicherte Parameter. Auch dort verschwinden die Gegenstände, ziehen sie sich zurück, verwirren sie

die Begriffssysteme. Man denke an die Veränderung des Zeitbegriffs in der modernen Physik. Vor einiger Zeit hörte ich auf einem philosophischen Symposion den Vortrag eines Physikers. Er sagte: „Wenn Sie Kinder haben, die unbedingt Naturwissenschaftler werden wollen, sorgen Sie bitte dafür, daß diese Kinder rechtzeitig eine gute künstlerische Ausbildung erhalten. Schicken Sie sie auf eine Kunsthochschule." Denn um gute Naturwissenschaftler zu haben, seien Menschen mit einem künstlerischen Sensorium verlangt. Was nun unsere Frage einer Akademie der Zukunft angeht, das Prekäre dieser Frage, so haben wir es mit einer Auflösung von Gegenstandsbezügen, aber auch der Entstehung neuer, anderer Gegenstandsbezüge zu tun, einer Ankopplung von Regionen, die bisher noch nicht miteinander verkoppelt worden waren. In diesem Umbruch steckt also ein produktives, ein schöpferisches Moment. Könnte eine künstlerische Akademie nicht ganz neue Anschlüsse suchen, sogar zur Naturwissenschaft hin?

Walther: Das ist mir ein vertrauter Gedanke, und auch an der Hochschule haben wir darüber häufig diskutiert. Künstlerische Strukturen zu verstehen setzt voraus, daß man wahrnimmt und zugleich wahrnimmt, *wie* man wahrnimmt. Was ist eine Gestalt, wie erscheint sie? Was ist das Abstrakte? Wie verhält es sich mit der Vorstellung? Was kann ich mir nicht vorstellen, was bleibt dem Sinnlichen stets entzogen? In meinen Seminaren waren oft Naturwissenschaftler. Bei mir treiben sich zum Beispiel auch Mathematiker oder Wirtschaftswissenschaftler herum. Es geht mir überhaupt nicht um Leute, die dann irgendwann mal Bildhauer, Maler, Zeichner, Filmer oder was weiß ich werden. Es geht darum, Strukturen zu begreifen, zu verstehen, wie Bedeutung entsteht. Ein Philosoph spricht darüber ganz anders als ein Künstler. Aber sie könnten gemeinsam zu sprechen suchen.

Lenger: Ich denke auch, daß eine entscheidende Aufgabe darin bestehen wird, Möglichkeiten eines solchen Sprechens zu entwickeln. Das setzt jedoch zweierlei voraus. Zum einen wird es darum gehen müssen, die unterschiedlichen Disziplinen danach zu befragen, welche Typen von Sätzen innerhalb ihrer jeweils regionalen Ordnung möglich sind. Das werden also ganz unterschiedliche Sätze sein, je nach dem, ob wir uns in der Physik, in der Kunst oder in der Philosophie bewegen; und ein zentrales Problem dürfte dann darin liegen, was sich an jenen Grenzen ereignet, an denen die verschiedenen Sätze aufeinanderstoßen. Zum anderen haben wir aber auch festgestellt, daß diese regionalen Ordnungen gar nicht mehr präzise voneinander abgegrenzt werden können, weil die Beziehungen von „Innen" und „Außen" nicht mehr geregelt und deren Grenzen nicht mehr als gesichert unterstellt werden können. Deshalb haben wir es bereits im Innern der jeweils regionalen Ordnungen möglicher Sätze mit einer Vervielfältigung von Aporien und Paradoxien zu tun, die sich an den Grenzen der Disziplinen wiederholen und umgekehrt. In diesem Sinn wäre der Begriff von Forschung an einer „Akademie" von äußerster Virulenz.

Walther: Und all das unterscheidet diese Arbeit radikal vom Publikum. Beim Publikum haben wir es immer mit Klischees, mit vorfabrizierten Bedeutungsrastern zu tun. Bedeutungen im künstlerischen Sinn aber sind sozusagen freischwebend. Man kann ihnen eine Bindung geben. Und dies macht es so schwierig, Mißverständnisse zu vermeiden und die Fragen streng zu halten. Fatal in der Moderne dieses Jahrhunderts war ja nicht zuletzt die Bewegung, die seit Duchamp dahin führte, daß *alles* Bedeutung annehmen kann. Das ist wirklich ein Problem. Wenn alles Bedeutung haben kann, wie steht es dann beispielsweise mit dem gemalten Bild? Es hat ja immer auch Objektcharakter, ist ja immer auch Ding. Wenn der Maler seine Arbeit von Duchamp her angehen würde, müßte er sein Metier völlig anders sehen. Beispielsweise findest du überall in den Akademieklassen Schmieragen an der Wand. Überall ist mal ein Pinsel abgewischt worden, überall sind die Wände voller Spuren. Du kannst ja manchmal gar nicht unterscheiden, was gemeint ist - denn die zufällig entstandene Schmierage ist mitunter besser als das gemalte Ding auf der Staffelei. Der Malprofessor, der das nicht sieht, sollte besser gar nicht lehren. Denn die Leute sehen doch gar nichts mehr. Es ist alles bedeutungsgleich geworden, und auch deshalb reduziert man sich krampfhaft auf das malerisch Gemeinte auf einem Quadratmeter Leinwand. Nur stimmt das ja alles längst nicht mehr. In dem Augenblick jedenfalls, in dem ich so frage, bin ich nicht mehr allein in der „Kunst". Ich habe dann auch beispielsweise mit Philosophie zu tun. Der Kunstbegriff dreht sich aus seinem Zentrum heraus. Und die interessantesten Gespräche kann man dann mit Leuten führen, die mit Kunst gar nichts zu tun haben - immer vorausgesetzt, daß sie ein Bewußtsein davon haben, vorausgesetzt also, daß sie nicht „Publikum" sind. Mit einem Philosophen kann ich mich oft viel interessanter über solche Strukturen unterhalten als mit Künstlern. In diesem Sinn wäre das dann „Akademie".

Lenger: Dabei entsteht allerdings ein Problem. Einerseits gehört zur Erfahrung der Moderne gerade in diesem Jahrhundert, daß alles Bedeutung annehmen kann. Andererseits produziert diese Entwicklung eine spezifische Fülle. Wenn alles Bedeutung annehmen kann, kann auch alles in Bedeutungslosigkeit übergehen. Wo keine Differenzen mehr bestehen zwischen dem einen und einem anderen Term, sondern nur noch Beziehungen zwischen allem und jedem, zieht sich die Kontur eines Sinns zurück. Deshalb werden die Fragen nach Konturen immer drängender, die sich in dieser Überdeterminierung von Bedeutungssystemen noch zeichnen lassen. Mir ist es dabei im übrigen herzlich egal, ob man das dann noch Kunst nennt...

Walther: Richtig.

Lenger: ...solange die Frage kenntlich gehalten wird, aus der hervorgeht, was wir bisher Kunst nennen.

Walther: Inflationär heißt auch: Inflation der Ideen und der Menschen. Es sind so viele Menschen da, die etwas wollen. Aber es gibt gar nicht so viel zu tun. Man muß deshalb viel Zeit darauf verwenden, sie zu überreden, *nichts* zu tun. Das erfordert sehr viel. Denn heutzutage will jeder gestalten. Und so sieht unsere Welt ja auch aus. Alles wird totgestaltet. Alle wollen gestalten, ohne Gestalt zu haben. Sehe ich die Kunst strukturell, so stelle ich fest: Die Fragen sind differenzierter geworden, aber die Antworten halten nicht Schritt. Ich stehe mitten in diesem Tempo. Und um überhaupt den Stab hineinhalten und sagen zu können: „Hier ja, da nein", das ist meine Einschätzung, muß ich eine Haltung zeigen. Doch diese Haltung muß glaubhaft sein.

Lenger: Man kann das auch in die einfache und bündige, aber höchst vertrackte Frage kleiden: „Wer urteilt?" Denn wenn man in der Tradition denkt, entsteht die Frage des Künstlerischen zunächst aus der Frage des Urteilsvermögens. Was setzt uns gemeinsam instand, uns als „Gemeinsame" in *etwas* zu erkennen? Das umreißt den klassischen Werkbegriff. Der hat nichts mit Natur zu tun, wie sie vorfindlich ist. Der hat auch nichts mit einer Technologie zu tun, deren Gesetze wir kennen, weil sie ableitbar sind. Das Problem des „Werks" berührt vielmehr das fragile Zwischenreich dessen, was uns gemeinsam angeht, weil wir uns darin als Gemeinsame erkennen. Hier führt die Tradition die Gestalt des Künstlers ein: um uns als Gemeinsame zu erfahren, bedarf es etwas, in dem wir uns als Gemeinsame erfahren. Es bedarf also einer Nahtstelle des Entstehens von etwas, eines Werdens, einer „génesis" und einer Personifikation dieses Ortes, die man dann „Genie" genannt hat. Wir wissen zwar nicht, was Genie oder Genialität sind, aber auf eine rätselhafte, ihm selbst undurchschaubare Weise gelingt es dem Künstler, uns das vor Augen zu führen, was uns gemeinsam zu dem Urteil anhält, etwas sei „schön". Deshalb ist in der klassischen Tradition nie der Künstler der Urteilende. Sondern urteilend waren „wir" insofern, als wir Gemeinsame sind

- nicht, wie du sagst, Herr oder Frau Pumpelmus. Aber die Gemeinsamkeit dieses „Wir" tritt nirgendwo anders in Erscheinung.

Walther: Wenn ein Künstler über Kunst zu urteilen hat, so kann er zu einem Urteil nur annähernd kommen. Er wird nicht wirklich wissen, was kommt. Wer behauptet, er wisse es, ist ein Depp. Ich kann nur sagen, was es *nicht* sein soll oder *nicht* mehr sein kann. Dazu freilich muß ich ein Bewußtsein davon haben, was *war.* Da muß sich schon einiges angesammelt haben. Das geht nicht nach Lust und Laune oder danach, was ich mag oder nicht mag. Eine mögliche Urteilsform also wäre: Obwohl ich Geschichte und Tradition liebe, muß ich feststellen, in diesem oder jenem Fall handelt es sich um Materialien, die nicht mehr möglich sind. Das ist dann so etwas wie die Summe einer Erfahrung des Künstlerischen, die in der Auseinandersetzung mit Geschichte gewonnen wurde. Ich muß allerdings ein Bild, eine Vorstellung von Geschichte und Entwicklung haben, um etwas ablehnen zu können - nicht etwa, weil viele Menschen behaupten, das sei „außer Kurs". Sondern ich muß das von „innen" her verstehen, um sagen zu können, daß etwas nicht mehr geht. Das wäre, wenn man so will, eine negative Operation. Aber es würde zumindest die Luft reinigen. Zugegeben, dann hätte ich immer noch nicht eine positive Bestimmung dessen, was es sein soll oder was es sein könnte. Und damit bin ich auch sehr allein, weil dazu ein entsprechendes Bewußtsein gehört.

Lenger: Deshalb ist diese Struktur des Urteilens in sich aber auch problematisch. Wir stoßen einerseits auf Grenzen, wo wir an das schwebende, ungreifbare Urteilsvermögen appellieren und keine „Resultate" vorführen können, denn das untersteht nicht der Logik der Vor-Führung oder der Pro-Duktion. Zugleich treffen wir nicht etwa auf Urteilsvermögen. In der ästhetischen Theorie bleibt es postulativ, und soziologisch macht es der Informiertheit, dem bloßen Gerede, dem

„Man" Platz. Ebensowenig aber urteilt der Künstler. In der Tradition als „Genie" konstruiert, situiert er sich gewiß am Ort von „Genesis". Aber sieht man von allen theologischen Implikationen ab, die darin eine Rolle spielen und eingehend befragt werden müßten, so ist dieser Ort zu nah, zu „gegenwärtig", als daß sich ihm etwas zeigen könnte, was ein Urteil erlauben würde. Insofern wiederholen sich alle Aporien der Akademie in der Frage: „Wer urteilt?" Das hat ja heute nicht zuletzt massive wissenschafts- oder hochschulpolitische Auswirkungen…

Walther: Deshalb habe ich das Problem ja nicht speziell mit den Politikern, sondern mit dem *Publikum*. Die Künstler waren früher immer unter sich, weil es kein Publikum gab. Es gab zwar den Kenner. Mit dem hatte ich etwa in der Renaissance und wahrscheinlich noch bis zum Klassizismus zu tun, auch wenn es da schon dünner wurde. Der Kenner konnte noch einschätzen, womit ich mich als Künstler denn überhaupt herumplage. Zum Problem der Moderne, die in der Romantik anfängt, gehört dies für mich insofern, als der Künstler einen eigenen Kunst- und damit Weltentwurf wagen muß. Aber er kann sich nicht mehr verständlich machen über den engen Kreis derer hinaus, die ähnlich empfinden. Das Ganze basiert auf der Empfindung, auf einer gemeinsamen Erfahrung von Welt, die nur noch in der Erfahrung Weniger besteht und sich immer weniger konkretisiert und materialisiert.
Das eigentliche *Publikum* nun tritt in der sogenannten Salonkunst auf. Da beurteilen Menschen, die elementar keine Gestalt in sich haben, die Kunst. Sie urteilen gestalt-fern, von ihren Neigungen, Bedürfnissen und verblasenen Vorstellungen her, was der Künstler und die Kunst sei. Und dieses Moment „Publikum", diese Gestalt „Publikum" hat sich derart verstärkt, daß ich heute solchen Unternehmungen wie der letzten „documenta" ausgesetzt bin, die bestenfalls gehobene Unterhaltung war. Das wird dann auch so von der Kunstwelt rezipiert, und die merkt gar nicht mehr, daß

sie Publikum spielt. Es sind vage Wirkungen da, und dem Publikum genügt das. An dem Punkt sind wir von der Möglichkeit eines Urteilens sehr weit weg. Das geht im übrigen rapide und unaufhaltsam weiter. Mittlerweile haben wir ja in Hamburg bereits eine Präsidentin als „Publikum auf zwei Beinen" - das ist ein Wahnsinn... Sie repräsentiert ja nun wirklich dieses Publikum, das gar kein Urteil haben *kann*. Die Militanz des ambitionierten Laien als Deodorant gegen Kunst, ein Bild „am Ende der Moderne".

Lenger: Bei allen Brüchen und Transformationen, über die wir gesprochen haben, haben wir es mit massiven, sogar militanten Gegenbesetzungen zu tun. Beispielsweise diskutieren wir über „Akademie" als ein in sich bewegliches Feld möglicher Setzungen und Verteilungen, in dem „Akademie" überall sein kann, wo sich eine bestimmte Höhe der Fragestellung konstelliert. Man antwortet uns mit Versuchen, eine „Grundlehre" zu restaurieren, um die Fluchtbewegungen künstlerischer Erfahrung wieder auf einem überschaubaren Grund oder Territorium anzusiedeln. Oder wir diskutieren über die Beziehungen von Kunst, Technik und Technologie, über Fragen einer Dissemination im Technischen; man antwortet uns mit der Veranstaltung von Computerlehrgängen, in denen junge Menschen in die trüben Freuden von Benutzeroberflächen eingeführt werden. Oder wir problematisieren die Grenzen des Werkbegriffs; man antwortet uns mit abgestandenen Beliebigkeiten von diesem und jenem, die nur durch die „political correctness" einer sogenannten Linken zusammengehalten werden, die ihrerseits nur noch vom Vergessen kritischer Begrifflichkeiten zusammengehalten wird. All dies hat längst dazu geführt, daß die künstlerische Frage gewissermaßen in einen nicht-öffentlichen Raum übergehen muß, wo sie zwar Verbindungen mit seinesgleichen eingeht, aber diese Verbindungen nicht öffentlich sind. Und das folgt alles einer ganz eigenen Logik. Mich erinnert dies an das Bild eines Partisanen.

Franz Erhard Walther vor Wandformation,
Ausstellung im Kunstverein in Hamburg, 1990

Walther: Ja, nicht verkehrt.

Lenger: Denn in der Kriegskunst des Partisanen spielt die Frage, wie eine herrschende Zeitökonomie durch Geschwindigkeiten und Langsamkeiten durchquert werden kann, die auf der Ebene dieser Ökonomie gar nicht abgelesen werden kann, deshalb unvorhersehbar ist, eine entscheidende Rolle. Das Moment der Überraschung ist entscheidend, die Frage etwa, wie Strukturen an gewissen Punkten unterbrochen werden können, um sie an anderen Punkten angreifen zu können. Spätestens hier tritt die Frage der Akademie aber in ein prekäres Stadium ein. Denn wie soll man die Forderung stellen können, solche Partisanen staatlich zu finanzieren?

Walther: An dem Punkt gebe ich dir völlig recht, und ich würde auch jeden Politiker verstehen, der über mich sagt: Diese Type gehört nicht in eine Akademie. Tatsächlich: Ich gehöre da nicht hin. Ich bringe denen doch den ganzen Laden durcheinander. Ich mache nur Schwierigkeiten. Das ist wieder die Frage: Will man das, wofür ich einstehe, oder will man das nicht? Andererseits sollte man die Politiker warnen, denn das Populistische, die Unterhaltung ist auch schwierig. Es sieht ja nur so aus, als sei das einfach. Das Banale als banal zu sehen, kostet Anstrengung. Diese Bilder sehen ja nur banal aus, sie kommen aus einer langen Tradition. Sie müssen vor dem Hintergrund der Geschichte gelesen werden.
Das berührt übrigens eine andere Schwierigkeit, nämlich daß sich die sogenannte Freie Kunst da, wo sie experimentell arbeitet, von der sogenannten Angewandten gar nicht mehr klar unterscheiden läßt. Das hat heute die Tendenz ineinanderzufließen. Und dies wird möglicherweise in der Zukunft noch bedeutsamer werden. Die Tradition des Selbstausdrucks, die vom „Ich" her formuliert, mag noch eine Gestalt sein; aber sie wird nicht mehr die einzige oder beherrschende bleiben. Auch in dieser Frage sind die sogenannten Angewandten etwa an der Hamburger Hochschule beileibe

nicht auf der Höhe der Zeit. Die kämpfen für und gegen etwas, was es als Fragestellung gar nicht mehr gibt. Auch da wirst du von den Traditionen der „Freien" her keine Antwort erhalten, da es in einem experimentellen Bereich mit einer experimentellen Haltung spielt.

Lenger: Die Kunst gerät an eine gewisse Grenze ihrer selbst. Wenn du von einem anderen Werkbegriff sprichst, z.B. davon, daß derjenige, der handelt, die Verantwortung für das Werk übernimmt, vervielfältigt sich in gewisser Weise auch die künstlerische Verantwortung. Du gibst sie aus den Händen und entziehst dich der Kontrolle, du läßt los. Darin ist ein Loslassen-Können. Die Frage ist allerdings: Worauf trifft dieses Loslassen-Können? All dies bringt uns in eine prekäre Situation, was den Akademie-Begriff angeht. Auf der anderen Seite wird vom Publikum natürlich in wachsendem Maße das „Angewandte" verlangt. Die Konditionierung durch Medien schafft einen Menschen, der über alles informiert ist, der über alles mitreden kann, stets auf der Höhe der Zeit ist, denn in Minuten wird ihm in den Medien alles verständlich serviert. Kein Bereich, in dem er nicht mitsprechen könnte. Folglich scheint er auch in die Rolle des Souveräns aufgerückt zu sein, der den Künstlern Aufträge geben könne wie ein Barockfürst.

Walther: An dem Punkt ist der Künstlertyp beschrieben, der in der Rezeption sehr erfolgreich ist. Leute wie Baselitz und Kiefer sind in dem Sinn Auftragskünstler. Das ist in gewisser Weise angewandte Kunst. Die Argumentationen, mit denen sie arbeiten, laufen natürlich anders. Baselitz versteht sich als Maler, der Probleme der Malerei bearbeitet. Er konstruiert sich wahrscheinlich auch eine Geschichte dazu. Es ist lesbar für Massen von Menschen, als vermittelte Kunstfiguration, und in gewisser Weise Anwendung. Dieses Publikum hat mit der Kunst, die wir experimentell nennen, nichts zu tun. Das liegt weit auseinander. Es hat eine Verkehrung stattgefunden, wenn Künstler, die aus dem „Freien" heraus argumentieren, als angewandt bezeichnet werden müßten, denn das handelt sich ja letztlich um einen Publikumsauftrag. Vergessen wir nicht, daß die experimentellen Kunstentwürfe der Moderne vom *Publikum* immer zurückgewiesen wurden.

Inflation gibt es in der Zahl der Artefakte, und es gibt dafür ja einen unglaublichen Bedarf. Ich wüßte nicht, in welchem anderen Zeitalter sich so viele Menschen für so viel Schrott interessiert haben. Die „Kunst für Zahnärzte" mußte ja auch erst mal erfunden werden. Die gehen ja einkaufen: Dali in der dritten gefälschten Auflage für 10.000,– DM. Auf dieser Ebene sind ja auch die Janssens und Wunderlichs in Hamburg sehr beliebt. Janssen, das versoffene Genie aus Blankenese, hat ja auch eine Haltung, und die wird doch vom Publikum verlangt.

Lenger: Du hast ein Bild gebraucht, das uns weiterbringen könnte, als du sagtest: „Den Stab reinhalten". Die Assoziation ist die eines fließenden Wassers, das hinter dem Stab, den man eintaucht, Strudel und Wirbel bildet. Da ist weder der Stab das Entscheidende noch das Wasser. Der Stab ist ja nicht produktiv im landläufigen Sinn. In gewisser Weise ist der Stab nur empfänglich geworden, indem das Wasser auf ihn trifft. Aber ohne diese Empfänglichkeit würde es keine Strudel, keine Wirbel, keine Struktur geben. Hier könnte deine Parole einen konkreten Sinn annehmen: Die revolutionäre Tat bestünde darin, nichts mehr zu tun. Das bricht aber mit einem Künstlerbegriff, der davon ausgeht, daß vom Künstler etwas auszugehen habe. Wie steht es also mit der Empfänglichkeit des Künstlers? Wie steht es nicht etwa mit der Produktivität des Künstlers, sondern mit dem Empfangen des Künstlers? Warhol ist ein grandioses Schwarzes Loch gewesen...

Walther: Ja, er war ein riesiger Staubsauger. Diese ganze Konfiguration der Fundstücke und des „Alles hat Bedeutung" hat er doch vollständig aufgesaugt. Und seither gibt es das

Problem der „Warhol-Schule". Doch das hat die Luft gereinigt. Und es hat auch dies gezeigt: Warhol ist kein Revolutionär. Ein Staubsauger ist keine revolutionäre Einrichtung, eher eine Zusammenfassung. Es gibt einen Wahn in der Moderne, den auch ich eine Zeitlang gelebt habe, nämlich den der Revolutionäre. Es gibt aber auch diese Erfahrung von Revolutionen: Man macht die Tür auf, und dahinter ist gar nichts. Unablässig wird etwas umgedreht, wo gar nichts umzudrehen ist. Es muß auch mal ruhen - das meine ich mit dem Nichtstun. Produktives Ruhenlassen. Die revolutionäre Tat ist Nichts-Tun. Empfänger sein. Ich empfange. Das setzt allerdings ein hohes Bewußtsein voraus, das elementar künstlerisch ist.

Lenger: Wir können uns längst nicht mehr einbilden, die Zeit ginge von uns aus. Das war bisher unsere phantasmatische Vorstellung: daß wir es seien, die Projekte in Gang setzen würden, und durch den zeitlichen Entwurf dieser Projekte zugleich die Zeitstruktur beherrschen könnten. Das nannten wir Zukunft, und diese Zukunft haben wir unablässig besetzt. Dagegen gewinnt das „produktive Ruhenlassen" eine große Bedeutung. Tugenden der Empfänglichkeit verbinden sich hier mit Techniken des Partisanen, das wird außerordentlich wichtig werden für einen künftigen Begriff von Kunstakademie.

Walther: Das würde sich auch mit dem Begriff des Individuellen stoßen. Denn das Diktat der gesamten Moderne lautete: Wenn du es nicht schaffst, einen individuellen Kunstentwurf hinzustellen, hast du auf lange Sicht keine Chance. Zum Ruhenlassen muß ich ein gefestigtes Individuum sein. Ich muß einer sein, der glaubhaft für eine Haltung einsteht. Nicht die Tat ist der Beweis, sondern das Einstehen für eine Überzeugung, deren Bedeutung dem Publikum unerkennbar bleibt.

Lenger: Ich denke nicht, daß der Begriff des Individuellen hier haltbar sein wird oder je haltbar war. Zumindest ist er es in einem bestimmten Sinn nicht. Wenn sich die Vorstellung des Autors, des Künstlers, des Urhebers, der ein Werk schafft und dafür die ungeteilte Verantwortung trägt, aufgelöst hat, wenn sich hier vielmehr ein multiples Feld eröffnet hat, dann läßt sich vom Künstler nicht mehr als Individuum sprechen im Wortsinn des Ungeteilten, Unteilbaren. Der andere Werkbegriff, nach dem wir hier fragen, dividualisiert die Kunst, individualisiert sie nicht.

Walther: Natürlich bin ich zusammengesetzt. Ich bin der Ort eines Dialoges, den ich mit der Geschichte ebenso führe wie mit den Zeitgenossen. Ich sehe meine Herkunft. Und selbst wenn ich einen anderen Materialbegriff einführe, ist das eine Öffnung, die Öffnung nur sein kann qua Herkunft. In dem Sinn bin ich etwa ohne die Romantik gar nicht denkbar. Das sogenannte Individuelle, Unverwechselbare daran sind vielleicht zehn Prozent, vielleicht noch weniger. Das wäre doch enorm viel. Der Wahn, daß ich es ganz allein mache, ist eine Naivität, die ich vielleicht am Anfang hatte. Der Wahn, der sagt: „Ich drücke mich individuell gegen alles andere aus", der ist unhaltbar geworden. Und es ist auch unhaltbar geworden, weil es hoch gefährlich ist. Denn solange ich mich in Bildern und Skulpturen ausdrücke, ist es gewiß noch harmlos. Aber wenn ich das weiterprojiziere in andere Bereiche hinein, wird es gefährlich. Stell dir vor, ich würde vor dem Hintergrund der Massen, die da sind, diesen Gedanken ins Politische weitertragen. Das könnte nur eine Katastrophe für die Welt bedeuten. Das sage ich als Künstler mit der Erfahrung dessen, was es praktisch heißen kann, die Welt als Kunstwerk einrichten zu wollen. Und das habe ich auch in der Lehre zu vermitteln.

Lenger: Wir haben, denke ich, längst einen anderen Begriff künstlerischer Arbeit und künstlerischer Lehre umrissen. In jeder Geste schwingen die Stimmen vieler aus der Vergangenheit mit. Jede künstlerische Geste ist ein Resonanzboden, in dem sich die Frage der Kunst vervielfältigt und wiederholt.

Walther: Richtig, es kann nur Werk sein, indem es antwortet. Um diese Auseinandersetzung geht es, um diese Differenz, die einen Dialog ermöglicht. Diese Differenz wäre Ort möglicher Bedeutungen. Aber das heißt ja nicht, einem Studenten an der Hochschule die Korrektur einer Zeichnung zu verweigern. Im Gegenteil. Wenn ich es nicht nur als etwas Formales sehe, kann schließlich auch darin ein Beispiel liegen.

Hans-Joachim Lenger, geboren 1952, lebt in Hamburg und lehrt Philosophische Ästhetik an der Hochschule für bildende Künste Hamburg; Professur seit 1987. Zudem verantwortlicher Redakteur der Zeitschrift SPUREN; zahlreiche Veröffentlichungen zu Fragen der Ästhetik und der politischen Philosophie.

Begehung der „Sieben Orte für Hamburg", 1991

Studium in Frankfurt: Vielleicht hatte ich damals, 1959 bis 1961 an der Städelschule, überhöhte Erwartungen an die Kunsthochschule, die dann im teilweise banalen Studienalltag, in Handlungen und Bildern, keine Entsprechung fanden. Die Kriegskatastrophe war noch in Erinnerung, die Nachkriegssituation hatte man in den Knochen; Atombombe, Korea, Wiederbewaffnung. Kunst studieren wollen; damals war „abstrakt" gleich fortschrittlich, „gegenständlich" gleich konservativ.

An der Städelschule schon in den ersten Tagen Ernüchterung. Phantasie, Neugier, Abenteuer, Spekulation, Experiment, Wagnis hatten bei Professor Lammeyer - ich war an ihn geraten - keinen Platz. Die hochfliegenden Erwartungen wurden auf den Boden geholt: Es waren von dem Lehrer für uns Schritte erdacht worden, einer nach dem anderen zu tun. Herr Lammeyer bestand auf dem Erlernen klassischer Maltechniken, „Grundlagen" genannt. Gegenständlich-abbildendes Arbeiten wurde erwartet, fett auf mager. Kunst kam dabei nicht vor.

Die Reibereien mit Herrn Lammeyer nahmen im 3. Semester erheblich zu. Es gab viele Gründe aneinanderzugeraten. Verlangt wurde vom Studenten Ehrerbietung, Befolgung der Ratschläge, pünktliches Erscheinen am Morgen, Sichfernhalten von Ausschweifungen jedweder Art, Sauberkeit, solides Handwerk. Ich erlaubte mir zu widersprechen und wurde da widersetzlich, wo ich das Gefühl von Freiheitsbeschränkung hatte. Für Herrn Lammeyer wurden dann geringfügige Anlässe ein Grund, mich mit Nichtbeachtung zu bestrafen. Ich fand das amüsant, obgleich mich das ungute Klima störte.

Im Frühjahr 1961 spannte ich einige Jahre zuvor bemalte Nesselgründe um. Die Rückseiten mit ihren Durchtränkungsspuren sollten als Arbeiten gelten, und ich interessierte mich für die Rückseiten alter Zeichnungen mit ihren Klebespuren und Faltungen, die mich mehr anzogen als die gemeinten Zeichnungen. Ich trug grundierte, mit Schmutzspuren versehene Hartfaserplatten und Leinwände zusammen und behauptete sie als Werke, und ich begann, eigene Zeichnungen zuzustreichen mit der Absicht, „Malerei zu vermeiden". Das gab Krach. Der Lehrer und auch die Studienkollegen fühlten sich veräppelt. Ich nahm die freundlich-unfreundlichen Ratschläge, aus der vermeintlichen Verirrung herauszufinden, nicht an. Es war ja für mich notwendige künstlerische Befreiung - und auch Provokation.

In dieser Zeit stellte ich den Antrag, die Klasse zu wechseln. Ich wollte zu Professor Burkart, da ich mir bei ihm mehr Verständnis erhoffte. Den Wechsel hatte ich mit ihm abgesprochen, und er gab mir das Gefühl, meine Arbeit ernst zu nehmen. An das Lehrerkollegium hatte ich einen Brief geschrieben, in dem die Gründe für den Wechsel beschrieben waren. Möglicherweise war die Begründung nicht sehr diplomatisch. In den Semesterferien erhielt ich dann einen Brief von dem damaligen Direktor Lammeyer unterschrieben, in dem mir im Namen des Lehrerkollegiums mitgeteilt wurde, ich sei exmatrikuliert worden. Meine Begründung des Klassenwechsels wäre nicht einsehbar und meine künstlerische Arbeit sei darüber hinaus einer deutschen Kunsthochschule nicht gemäß. Ich möchte in den nächsten Tagen meine Sachen abholen. Lammeyer hatte sich offenbar durchgesetzt.

Ich fuhr daraufhin nach Frankfurt und wollte einen der Herren sprechen. Man war jedoch in den Ferien. Einzig Professor Holzinger war erreichbar. Er bat mich in seinen Arbeitsraum im Städel-Museum und machte mir dort eindringliche Vorhaltungen wegen meines ungebührlichen Verhaltens und auch wegen meiner Arbeitsweise. Ich wurde väterlich ermahnt, nicht alles in Frage zu stellen. Rückgängig wurde der Rausschmiß jedoch nicht gemacht („... das können Sie den Herren nicht zumuten. Sie sind da zu weit gegangen...").

Ich arbeitete dann in meiner engen Bude in der Frankfurter Forsthausstraße, kontrolliert von der Vermieterin Witwe Bollmann, und - ab November 1961 - in Fulda. Im Mai 1962 ging ich nach Düsseldorf, um dort an der Kunstakademie bei K. O. Götz zu studieren. Ich fand in ihm einen toleranten Lehrer. Gleichzeitig mit mir hatten u.a. Gerhard Richter, Sigmar Polke, Konrad Fischer und Chris Reinecke bei Götz angefangen. Wir hatten dort, auf die Kunst bezogen, realistischere Auseinandersetzungen. Und - statt Kafka, Lorca und Camus - lommer flippern jonn...

Franz Erhard Walther in der Klasse K.O. Götz, Kunstakademie Düsseldorf, 1962

Prüfung in Hamburg: In den Jahren seit meiner Berufung nach Hamburg, in denen ich ohne Unterbrechung in der Aufnahmekommission war, sind verschiedene Auswahlverfahren ausprobiert worden, bei denen aber immer die Mappe mit den eingereichten Arbeiten die Hauptrolle gespielt hat. Auch wenn mit der Mappe Betrügereien seitens der Bewerber sowie Fehleinschätzungen und Irrtümer auf unserer Seite natürlich nicht auszuschließen sind, hat sich bei der Menge der Bewerber die Mappendurchsicht noch als die praktikabelste Lösung erwiesen. Da ich in die Studienbewerber nicht reingucken kann, fälle ich lieber aufgrund der eingereichten Arbeiten meine Entscheidung, wobei ich im Zweifelsfall durch die Art der Mappe, die Darstellung des Lebenslaufes und die Handschrift mir die entsprechende

Person vorzustellen versuche.

Es gibt Fälle, bei denen die Auswahl relativ leicht ist, beispielsweise dort, wo durch eine Mappe deutlich wird, daß jemand hauptsächlich Technisches lernen will, der offenbar im „richtigen" Zeichnen nach der Natur sein Hauptanliegen sieht. Dann ist es ganz klar, daß er in Hamburg am falschen Ort ist, und er bekommt den Rat, es woanders zu versuchen. Ähnlich leicht fällt die Entscheidung bei den üblichen dünnen Mäppchen. Hier muß gelegentlich eine humoristische Einlage über die Runden helfen. Es stellt sich bei mir meistens ein ziemlich sicheres Gefühl ein, ob man es mit jemandem wagen oder lieber bleibenlassen sollte.

Wenn ich über die Jahre zurückblicke, habe ich mich in den Leuten, für die ich mich ausgesprochen engagiert habe, kaum getäuscht. Die meisten sehe ich während des Studiums immer wieder, und sie haben sich eigentlich meistens zu merkwürdigen Typen entwickelt. Meine relativ hohe „Trefferquote" kommt vielleicht daher, daß ich versuche, mich von bestimmten Vorlieben freizuhalten und bei einer Mappe nicht so wie der Malerkollege auf das „malerische Händchen" oder wie der Zeichner auf das „zeichnerische Händchen" oder wie der Medien-Fritze auf die grenzenlose „Offenheit" zu setzen. Mich interessiert vor allem, was von der Person sichtbar wird. Ob sie sich z. B. dem, was nach allgemeiner Übereinkunft momentan am meisten geschätzt wird, anpaßt oder nicht. Die flotte Malerei in den Mappen heute beeindruckt mich genausowenig wie das puristisch Konzeptuelle vor zehn Jahren. Natürlich muß man jedesmal gucken, wie es gemacht ist. Nur zu oft steckt hinter dem, was so aktuell daherkommt, bloße Schlaumeierei oder ein pfiffiger Kunstlehrer, vielleicht aber auch jemand im Bekanntenkreis oder das Elternhaus. Wie einer es anstellt, wenn er etwas Eigenes zu sagen hat, mag es unbeholfen oder auch geschickt aussehen, dafür glaube ich ein Gefühl zu haben.

Ich denke, daß die Aufnahme eigenständiger Personen sehr wichtig ist, weil davon die Hochschule vielleicht genauso-

Franz Erhard Walther in der Klasse, Raum K22,
HfbK Hamburg, 1971

sehr lebt, wie von den „richtigen" Berufungen. In der Mehrzahl die falschen Studenten ausgesucht - und du kannst den
Laden hier bald dichtmachen. Es fühlen sich ja viele junge
Leute angezogen, an der Hamburger Hochschule zu studieren. Das hat vermutlich nicht nur mit einigen interessanten
Künstlern zu tun, die hier lehren, sondern auch mit den Typen, die sich über die Jahre durch die Auswahl bei uns kon-
zentriert haben. Daß es auch ganz andere Studenten gibt,
merkt man gelegentlich, wenn sich eine Vergleichsmöglich-
keit mit anderen Akademien ergibt. Die größte Gegensätz-
lichkeit in dieser Hinsicht besteht meiner Beobachtung nach
zwischen den Hochschulen von Hamburg und München,
wogegen die Differenz zu Düsseldorf nach meinen Erfahrungen gering ist. Das hat viel mit dem Künstlerbild zu tun,
das an den einzelnen Akademien gepflegt wird. Denn natürlich ist zumindest im Bereich der Freien Kunst bei sämtli-
chen Aufnahmeentscheidungen letztlich die unterschwellige
Vorstellung ausschlaggebend: „Da könnte etwas daraus wer-

den." Wir haben fast alle instinktiv den Hang zu dem, der das „Ding" macht, das uns fasziniert; den neuen Entwurf, die große Kunst, die interessante Figur, die wollen wir alle. Obwohl mir verstandesmäßig klar ist, daß diejenigen, an die man denkt, es sowieso nicht werden, wüßte ich nicht, wie ich beim Auswahlverfahren ohne diese Vorstellung auskommen sollte.

Das Fazit: Meine Generation hat es zum ersten Mal vermocht, innerhalb der Akademie zeitgenössisch zu sein. Richter, Polke, Palermo, Ruthenbeck, Immendorff, Knoebel und ich haben unsere ersten gültigen Sachen, die auch heute noch stehen, in der Akademiezeit begonnen. Grundvoraussetzung dafür war ein angemessener sprachlicher Umgang mit den Verhältnissen, und es mußte auch die Haltung stimmen.

Es ist daran zu erinnern, daß die künstlerischen Konzeptionen, die die tradierten Medien und Kategorien gesprengt haben, mindestens in diesem Jahrhundert am fruchtbarsten waren. Das war der Anknüpfungspunkt. Hier lagen die Werkzeuge. Doch kann sich eine Kunstakademie von den daraus resultierenden Konsequenzen freimachen? Ich denke: Nein. Es müßte nämlich die Akademie in der Lage sein, einen eigenen kraftvollen Gegenwurf hinzustellen. Daß dies kaum möglich ist, liegt in der Natur der Sache: „Akademie" wird getragen von den einzelnen Künstlerpersönlichkeiten, die lehren, die ihren eigenen Entwurf mitbringen - und Offenheit, im günstigen Fall. Eine Tatsache ist jedoch, daß die überwiegende Zahl der Lehrer eben nicht mit einem eigenen Kunstentwurf antritt, sondern - manchmal individuell - von schon vermittelten Entwürfen berichtet.

Eines der zentralen Probleme resultiert aus diesem Sachverhalt: Aus Gründen der Abgrenzung der eigenen gefährdeten Position werden Behauptungen aufgestellt, die dann mit großem Einsatz verteidigt werden müssen. Hier verselbständigt sich die Sprache, wirkt abgehoben, verliert den Bezug zum Gegenstand. In der sprachlichen/theoretischen Untersokkelung werden dann Bedeutungen aufgetürmt, die im Gegenstand keine Entsprechung haben.

Der Theoretisierende wird's freilich kaum merken. Zu sehr faszieniert ihn das gleißende Wort, und warum auch nicht: Natürlich kann man in allem etwas sehen. Beklagen darf er sich dann aber nicht, wenn die mit etwas Abstand stehenden Interessierten die Sache nicht mitvollziehen wollen - oder wenn der Kundige Spott ausgießt. Substanz kann man nicht herbeizwingen. Die steckt in der Sache oder eben nicht. Sprachliche Ummantelungen sind schon immer ein brauchbares Mittel gewesen, das Nichtvorhandensein von Substanz zu kaschieren.

Entscheidend war, daß von 1970 an zeitgenössische Künstler, die ihre Sprache gerade formuliert hatten, an die Kunstakademien geholt wurden. Das hatte es bisher nicht gegeben: Ein Entwurf, eine Konzeption entsteht im freien Raum und wird fast zeitgleich in den Lehrraum geholt. Ohne diese Entwicklung wäre die heutige Situation nicht möglich, in der die Grenzen zwischen dem Innen und dem Außen verwischt sind. Die neuen Maler und Skulpteure der letzten Jahre sind ein lebendiger Beweis für die Richtigkeit dieser Form der Lehre.

Trotzdem: Ich mißtraue der Situation. Kann es wirklich sein, daß wir zum ersten Mal in der Geschichte der Kunstakademien erleben, daß lebendige Entwürfe nicht gegen Institutionen, sondern auch in und mit ihnen entstehen? Die Geschichte lehrt ja allzu deutlich das Gegenteil. Immer ist die schöpferische Kraft aus einem „Gegen" entstanden, und die neuere Entwicklung ist zu jung, um gültig beurteilen zu können, was das Ganze wert ist.

Wir könnten freilich auch einer optischen Täuschung unterliegen: Vielleicht zieht die Gesamtentwicklung ganz woanders hin, als wir eben vermuten, trotz der zeitlichen Identität von Entwurf und Lehre - und wir können es aus irgendwelchen Gründen nicht sehen. Jedenfalls: Ohne die Schaffung einer wirklich experimentellen Situation wird jede Kunstschule an ihren Möglichkeiten vorbeigehen.

1. bislang unveröffentlicht
2. bislang unveröffentlicht
3. in Katalog „Acht Studenten der Hochschule für bildende Künste Hamburg", Städtische Galerie Nordhorn; Vortrag anläßlich der Verleihung des Fruhtrunk-Preises an Franz Erhard Walther, Akademie der bildenden Künste, München, Januar 1987
4. bislang unveröffentlicht; Rede zur Ausstellungseröffnung der Jürgen Ponto-Stiftung, Kunstverein Frankfurt, 1987
5. bislang unveröffentlicht; Gespräch: Franz Erhard Walther und Hans-Joachim Lenger, Hamburg, August 1993
6. in „Städelschule Frankfurt am Main - Aus der Geschichte einer deutschen Kunsthochschule", Verlag Waldemar Kramer, Frankfurt, 1982, sowie in „Zwischen Kern und Mantel - Franz Erhard Walther und Michael Lingner im Gespräch über Kunst", Ritter Verlag, Klagenfurt, 1985; außerdem: Notizen für einen Vortrag an der Städelschule, Frankfurt, 1986 (bislang unveröffentlicht)

Seite 6: Archiv Franz Erhard Walther, Hamburg. Seite 8, oben: Reiner Ruthenbeck, Düsseldorf; unten: Erika Koch, Düsseldorf. Seite 9: Timm Rautert, Essen. Seite 10, oben: Virginia Bell, New York; unten: Timm Rautert, Essen. Seite 11: Timm Rautert, Essen. Seite 16: Timm Rautert, Essen. Seite 17, oben und unten: Timm Rautert, Essen. Seite 26: Bayerische Staatsgemäldesammlung, München; Foto: Birkmaier. Seite 27: Achim Könneke, Hamburg. Seite 31: Claus Friede, Hamburg. Seite 37: Egon Knapp, Frankfurt. Seite 43: Erika Koch, Düsseldorf. Seite 49: James Ball, New York. Seite 61: Archiv Franz Erhard Walther, Hamburg. Seite 65: Hella Berent, Köln. Seite 78, oben: Claus Friede, Hamburg; unten: Isabel Mahns-Techau. Seite 87: Christoph Keller, Hamburg. Seite 94: Archiv Franz Erhard Walther, Hamburg. Seite 97: Archiv Franz Erhard Walther, Hamburg. Seite 99: Timm Rautert, Essen.

Die Statement-Reihe:

S1 **Hans Platschek:** Fetzen - 109 Aufzeichnungen zur Kunst (ISBN 3-929970-00-7)

S2 **Jean-Christophe Ammann:** Bewegung im Kopf - Vom Umgang mit der Kunst (ISBN 3-929970-01-5)

S3 **Franz Erhard Walther:** Denkraum - Werkraum - Über Akademie und Lehre (ISBN 3-929970-02-3)